DER UNSTERBLICHE FISCH

W0230877

Elizabeth Mann Borgese

Elisabeth Mann Borgese

DER UNSTERBLICHE FISCH

Erzählungen

Herausgegeben von

Thomas B. Schumann

EDITION**MEMORIA**

INHALT

VORWORT

Ich habe das Lesen dieser Geschichten so lange wie irgend möglich hinausgeschoben. Warum? Ich glaube, aus Angst vor der Wiederbegegnung mit der mir so wohlbekannten und doch so fremden Person, die sie vor mehr als 40 Jahren, in einer anderen Welt, geschrieben hatte. War das wirklich ich? Nicht eine Körperzelle, nicht eine Gehirnzelle habe ich noch mit jener Person gemeinsam, die noch nicht »ins Meer gefallen«, dem Meer verfallen war (so sehe ich mein nun schon über dreissig-jähriges Befassen mit dem Meer, das mein jetziges Leben bestimmt).

Nachdem ich mich nun aber zum Lesen durchgerungen habe, spüre ich doch mehr Kontinuität als Diskontinuität, und dabei muss ich an die Axt von Tolstois Holzfäller denken, die Axt, die ihm und seinen Vorvätern schon über hundert Jahre gedient hatte. Wie konnte sie so lange halten? »Mal wurde die Schneide gewechselt«, meinte der Holzfäller, »und mal wieder der Stiel; aber es war doch immer die gleiche Axt!« Was mich übrigens gleich auf das Zentralthema dieser Geschichten bringt. Doch davon weiter unten.

Eine versöhnliche Mittelstellung ist also angebracht, der Person gegenüber, die diese Geschichten geschrieben hat, auf einiger Objektivität des Lesens beruhend. Die

Geschichten sind zweifellos einfallsreich, gelegentlich aber auf zu grosser Apparatur gebaut, wodurch sie zur Langweiligkeit neigen.

Meine erste Beobachtung gilt der Sprache. Die Geschichten liegen ja hier auf Deutsch vor. Ich habe sie aber nicht auf Deutsch geschrieben, und ich bin den Übersetzern, Helmut und Christel Wiemken, zutiefst dankbar. Die Übersetzung ist durchaus treu.

Meine Mutter hat mich immer ausgelacht, wenn ich auf Deutsch zu schreiben versuchte. »Medi kann doch nicht Deutsch«, höre ich sie noch ausrufen. Ich habe die Geschichten auf Englisch geschrieben, und zwar in Italien. In Anbetracht meines Lebenslaufes, ist mir Englisch nun einmal geläufiger als Deutsch. Trotzdem aber hat es etwas auf sich, wenn man in einer Sprache schreibt, die nicht die Muttersprache ist. Dies Problem teile ich ja mit vielen Autoren in diesem unseren entwurzelnden Zeitalter. Ich brauche nur an die von mir sehr verehrten Autoren Eugène Ionesco und Samuel Beckett zu denken. In einer Sprache zu schreiben, die nicht unsere Muttersprache ist, wirkt sich nicht nur auf die Schreibart, sondern auf die Denkart, die Fühlart aus. Man denkt und fühlt abstrakter. Weniger sinnhaft; weniger körperlich; eine Stufe weiter weg. Dabei fällt mir ein: Mein Vater hat, während der langen Exiljahre, seine Vorträge auf wohl eingeübtem Englisch vorgelesen. Als er dann, nach dem Krieg, zum erstenmal wieder in Deutschland und auf Deutsch vortrug, sagte er: »Ich komme mir so nackt vor, wenn ich da so stehe und Vorträge auf Deutsch halte.« Man verbirgt also, hinter der Fremdsprache, eine Art von Nacktheit. Diese Geschichten sind auf theoretische Probleme gerichtet, nicht eigentlich auf konkrete Menschen und ihre Charaktere.

Und diese Probleme wohl sind es, die die Kontinuität herstellen; denn es sind Probleme, die mich wohl schon seit meinem fünften Lebensjahr beschäftigt haben und noch heute beschäftigen. Tolstoi's Axt. Was ist ein Individuum? Sind identische Zwillinge zwei Individuen oder eines? Wo ist die Grenze des Individuums? Im Raum, gegenüber der Gemeinschaft, der Umwelt, von der es doch ein Teil ist? In der Zeit, in der es durch seine genetische Struktur gebunden ist, die ihm einerseits wohl eine Art Unsterblichkeit verleiht, andererseits aber einen oft qualvollen Zwang zur Wiederholung auferlegt? Wie frei ist der freie Wille? Gegenüber dem Schicksal, das doch nur die äussere Gestalt des inneren Charakters ist, und das man, wie schon die alten Griechen wussten, oft gerade dadurch erfüllt, indem man es zu vermeiden sucht? Wie reimt sich persönliches Schicksal und Gemeinschaftsschicksal – eine Frage, die Thornton Wilder in »The Bridge of San Luis Re« unvergesslich gestellt, aber unbeantwortet gelassen hat. Johannes Kepler hatte mehr darüber zu sagen als alle unsere modernen Futurologen zusammengenommen, wie das übrigens mein Bruder Golo in seinem »Wallenstein« sehr schön herausgebracht hat. Bei Kepler kommen dann natürlich noch die Sterne dazu, und warum nicht? Wenn man die Grenzen des Individuums nun einmal geöffnet hat, in Raum und Zeit, warum sollte man dann nicht die Sterne mit hineinnehmen?

Dies sind so die Fragen, die der Leser im Hintergrund seines Gehirns halten möge, beim Lesen dieser Geschichten, denn es sind die Fragen, die mich dazu getrieben haben, sie zu schreiben. Das ist die Nacktheit, die meine abstrakte englische Sprache verdeckt …

Witzeshalber sei noch erwähnt, dass ich natürlich keine Ahnung davon hatte, als ich »Die Probe« schrieb, daß ich einmal zwei Jahre lang mein Leben mit einem Schimpansen teilen würde. Ich brachte ihm bei, einige Worte zu lesen – wie zum Beispiel »Banana« und »Grape« – und auf einer elektrischen Schreibmaschine zu schreiben; aber ich habe von ihm viel mehr gelernt, besonders über die Menschheit, als ich ihn lehren konnte. Bruno Walter hat übrigens die Geschichte »Die Probe« von Herzen missbilligt.

Auch hatte ich natürlich keine Ahnung davon, daß ich einmal später mehreren Generationen von Hunden beibringen würde, Beethoven's Ode an die Freude auf einem für sie gebauten Hundeklavier zu spielen. Das sind eben so Beispiele für die Kontinuitäten.

Vieles liesse sich noch sagen über die All-Gegenwart dieses Grundmotivs – das Verschwimmen der Grenzen des Individuums in Raum und Zeit; die Kontinuität zwischen Umwelt und Menschheit, die auch die Kontinuität zwischen der Tierwelt und der Menschheit mit einschliesst, in meiner theoretischen und politischen Arbeit, die ja sehr viel umfangreicher ist als diese höchst bescheidenen, kleinen literarischen Versuche. Aber das würde zu weit führen. Genug also. Und ich wage nicht zu sagen, »Viel Vergnügen« beim Lesen, aber vielleicht doch ein ganz klein bisschen.

Halifax, Anfang Dezember 1997

Elisabeth Mann Borgese

Die Probe

Vielleicht hoffte er, es würde ihn so ermüden, daß er nicht mehr die Kraft hätte, aufgebracht oder verärgert zu sein; vielleicht klärte und reinigte es seine Gedanken; vor allem aber hoffte er, später einzutreffen, wenn er zu Fuß ging – wenn er langsam einen Fuß vor den anderen setzte. Es konnte die unerfreuliche Begegnung hinauszögern – was es natürlich nicht tat: Willem de Foe war unerbittlich pünktlich und ging einfach zeitiger von zu Hause fort; viel zeitiger, als er hätte aufbrechen müssen, wenn er wie gewöhnlich die Straßenbahn genommen hätte. Tatsächlich ging er schon, bevor die Haushälterin kam; er hinterließ ihr einen Zettel auf dem Küchentisch, des Inhalts, daß er spät zum Essen käme und dann ein Omelett, Käse und Obst wünsche – außerdem sei kein Bier im Haus, und sie möge die Wäscherei anrufen. Er nahm seinen Regenmantel, die Aktentasche, den Geigenkasten, schloß die Tür ab und ging und ging.

Dirigenten verabscheute er vor allem anderen. Vielleicht lag dieser Widerwille in seinem Konzertmeisterblut. Jahrhundertelang hatten sie, die Konzertmeister, alle Aufführungen selber geleitet – und dann diese Eindringlinge, Zeichen der Zeit irgendwie: Duces, Führer, Diktatoren, Hypnotiseure eines proletarischen Massenorchesters. Um die Wahrheit zu sagen: er verabscheute das

Orchesterwesen seit Wagner. In seinen freien Stunden spielte er die Viola d'amore, und seine ganze Liebe galt dem siebzehnten Jahrhundert – jenen Orchestern, in denen jeder Mitwirkende Virtuose war und der Konzertmeister Primus inter pares. Dennoch war er durchaus bereit, die großen Dirigenten des frühen und mittleren zwanzigsten Jahrhunderts zu bewundern. Er erinnerte sich an den alten Jenkins, unter dem er selbst noch gespielt hatte, ein ganz junger Mann auf dem letzten Platz der zweiten Geigen. Oder Knatthaus und Armageddon, die später kamen, als er schon auf dem Platz des Konzertmeisters saß. Das waren Leute, die er verstehen, die er schätzen konnte, wenn es ihm auch ein wenig peinlich war, nach der Vorstellung aufstehen und ihnen die Hand schütteln zu müssen – die Hand dieser Emporkömmlinge; dieser Eindringlinge, dieser Parasiten; das weiße Haar fiel ihm weich in die errötende Stirn, er schlug die blauen Augen nieder, wenn er sich verbeugte. Doch dann kamen die weiblichen Dirigenten und die Wunderkinder – er fühlte sich unsicher und gedemütigt. Sie konnten nicht einmal erklären, was sie wollten; irgendwie setzten sie sich durch. Wenn er aufstand, um ihnen nach der Vorstellung die winzige Hand zu schütteln, kam er sich vor wie eine Karikatur im »New Yorker«. Danach kamen die blinden Dirigenten mit den übersensiblen Händen; und mit ihnen wurde es schwierig.

Willem de Foe war nicht nur Konzertmeister im alten Sinne, er war überhaupt ein Meister – ein Mann, der seine Kunst meisterte und seine Meisterschaft genoß. Während des Spiels in Trance zu geraten, nach dem Spiel kaum zu wissen, was er gespielt hatte, war ihm widerwärtig. Es demütigte und verwirrte ihn; er sehnte sich nach seinem fünfundsechzigsten Geburtstag – noch sieben Jahre, und er hatte das Recht, sich vom Orchester zurückzuziehen. Dann würde er Privatstunden geben, Kammermusik spielen und in seiner freien Zeit ein wenig malen: hohe Bäume in den Lowlands vor soliden, flachgrünen Horizonten und fernen kleinen Windmühlen.

Das Orchester geriet in Trance. Das Publikum geriet in Trance. Die ganze Welt mußte in Trance geraten sein. Man stelle sich die Geistesverfassung von Eltern vor, die ihren begabten Jungen die Augen ausstachen, um bessere Dirigenten aus ihnen zu machen. Ein paar hundert Jahre früher hätten sie sie ihrer Stimmen wegen kastriert. Doch auch das waren wirre Zeiten, die ganze Menschheit verfiel dem Veitstanz und Schlimmerem. Schließlich gaben sie das Kastrieren auf, wie sie jetzt das Blenden aufgegeben hatten; immerhin war es so weit gekommen, daß Dirigenten, selbst wenn sie nicht blind waren, sich von schlanken Jünglingen zum Pult geleiten ließen und dicke dunkle Brillen trugen; und ihre Hände waren hypersensitiv, als wären sie blind.

Doch auch das war noch nicht das Schlimmste.

Es schien erst gestern gewesen zu sein, mußte jedoch schon über zwanzig Jahre zurückliegen, daß aus den Yerkes-Laboratorien die ersten Gerüchte über Versuche laut wurden, Affen das Sprechen beizubringen. Die Wissenschaft setzte diese Versuchsreihe damals nicht allzu energisch fort; doch bald darauf führte Dr. Hamilton Howard den ersten klavierspielenden Affen vor und erhielt den Nobelpreis für Physiologie. Wie alle epochemachenden Fortschritte der Wissenschaft, fußte auch Dr. Howards

Experiment auf einer höchst simplen Entdeckung: nachdem er – neben vielen anderen Dingen, die in seinem Labor unter Anwendung von Pflöcken und Stöcken, Labyrinthen, Farben, Murmeln, Früchten, Fallen, Lockmitteln und Entziehungen, unter Erfolgen und Rückschlägen ans Licht kamen – herausgefunden hatte, daß Affen bis fünf zählen können, kam ihm, der selbst ein großer Musikliebhaber war, der Gedanke, Affen mit Musik zu beschäftigen. Das Notensystem hat fünf Linien, und stets sind, wenn ein Ton angeschlagen wird, fünf Obertöne hörbar; den kompliziertesten Akkorden liegen fünf Elemente zugrunde – fünf ist die magische Zahl, die alle Musik beherrscht. Wenn Affen – alle Affen – fähig waren, bis fünf – genau bis fünf – zu zählen, so war damit eindeutig bewiesen, daß sie von Musik ganz und gar durchdrungen waren und daß man sie nur aus ihnen hervorzulocken brauchte.

Die Resultate waren in der Tat erstaunlich. Schon die erste Generation brachte wahre Wunder zustande – praktisch auf allen Instrumenten. Drei Generationen der Zuchtwahl – mit radioaktiv erzeugten Erbmutationen und sorgfältiger Selektion, verbunden mit entsprechender Umweltkonditionierung – besorgten den Rest.

Noch nie hatte man solche Musik gehört. Das Klavier schien kein Klavier, die Geige keine Geige mehr. Ein derartiges Zusammenspiel hatte es noch nie gegeben. Die musizierenden Affen schienen eine einzige Seele – Komposition, Affen, Instrumente, Publikum, alles eine einzige, hingerissene Seele; die Zeit löste sich auf. Allerdings nur, wenn es ein guter Abend war. Die Affen waren dermaßen vom Geist einer Komposition erfüllt, daß ein vom

Blatt spielender Affe unfehlbar die richtigen Noten in die Partitur einsetzte, wenn der Trainer darin leere Stellen gelassen hatte. Man wußte von einem Konzertaffen, der in einer Haydn-Sonate auf einem *dis* bestanden hatte, wo in der Partitur ein *d* ohne Vorzeichen stand. Der Trainer korrigierte vergeblich. Der Affe spielte *dis,* bis es zum Skandal kam. An diesem Punkt griff der greise Dr. Howard ein und lieferte damit die letzten Schlagzeilen vor seinem Tode: er flog nach London, um den Urtext zu befragen – und siehe da, im Urtext stand ein *dis* …

Waren die Affen in Form, so war es überwältigend. Doch sie waren nicht immer in Form. Offenbar genügte ein falscher Ton, eine unpräzise Oktave, eine falschberechnete Kadenz, das Affengehirn in völlige Verwirrung zu stürzen. Und jeder Künstler, Mensch oder Affe, spielt hin und wieder einen falschen Ton. In solchen Fällen versagte das Gedächtnis des Affen. Er wiederholte wütend den falschen Ton, ließ ihn heftig tremolieren, hämmerte mit Händen und Füßen auf dem Klavier herum, schnitt den Zuhörern Grimassen, rumpelte in obszönen Rhythmen mit dem Hinterteil auf der Tastatur. Dann stürzte der Trainer herbei, ließ eine Peitsche knallen, schoß schließlich, um das Schlimmste zu verhindern, eine Pistole ab. Ein Affenduo konnte sich in solchen Augenblicken in ein tödliches Duell verwandeln: ihrer Zerstörungswut war schon mehr als eine Stradivari zum Opfer gefallen. Und das höchste Entzücken des Publikums konnte gleichfalls leicht in Mordlust umschlagen.

Seltsam, diese Menschheit. Willem de Foe musterte seine Füße in den plumpen Kalblederschuhen, die man um die

Mitte des zwanzigsten Jahrhunderts trug, wie sie Raum bewältigten, langsam, aber sicher, eins-zwei, eins-zwei, wie der Mensch es seit unvordenklicher Zeit getan hatte; und während er sich der Konzerthalle näherte, fühlte er deutlich, wie die Autos, Räder, Turbinen, Hoppikopter und Helikopter, die geräuschvoll den irrsinnigen, mehrschichtigen Verkehr der Innenstadt bildeten, seinen Schritt hinderten, bedrängten, einengten, bedrohten, sinnlos werden ließen. Er umklammerte seinen Geigenkasten aus echtem Krokodilleder, mit seinen Initialen gezeichnet und mit stellenweise abgeschabtem Samt ausgeschlagen, der ihm seit über vierzig Jahren gedient hatte, und er fühlte, wie seine Kunst, sein reines und selbstloses Handwerk, durch die Neuerungen der Zeit bedrängt, bedroht, herabgesetzt, zunichte gemacht und *ad absurdum* geführt wurde. Der Kreis hatte sich geschlossen, luftdicht und narrensicher. Je futuristischer die Mittel, desto archaischer die Wirkungen. Er dachte an Flöten und Schlangen, an den Rattenfänger, an Gruppen, die sich, von unwiderstehlichen Rhythmen narkotisiert, zu Tode tanzten, an andere, die unter der sanften Heilkraft von Liedern wieder zur Vernunft kamen. Er dachte an Kühe, die in Ställen mit Klimaanlage fraßen, beim Erklingen sanfter Melkmusik freudig ihre Drüsentätigkeit beschleunigten – »man sieht förmlich, wie das Gras bei Hornklang wächst«. Er entsann sich gewisser musikalischer Formen der Antike – was an ihnen mochte die Griechen nur so verwirrt haben, daß die Regierung sie unter Zensur stellen mußte? Und nun erlebte er, wie sich das Ganze vor seinen Augen wiederholte: narkotisierte Massen, eine Regierung, die sich der Kunst bemächtigte. Nur war, was sich einst einfach und unbewußt vollzogen hatte, jetzt kompliziert und berechnet: elektronische Maschinen produzierten elementarere Klänge als die Elemente selbst, und Tiere betrieben die Geschäfte des Intellekts.

Nur die Menschen, dachte er, bleiben sich immer gleich. In dem Schaufenster, vor dem er stehengeblieben war, sah er weiß auf schwarz und schwarz auf weiß, die Preise verschwommen auf Zetteln. Dann nahm alles Formen an: Büstenhalter, Korsetts, Strumpfhaltergürtel, Unterkleider, Nachthemden, die ihm das Blut in die Wangen trieben. Beim Betrachten solcher Dinge ertappt zu werden, war einigermaßen unwürdig – zumal er Julies Stimme kannte; sie war nervös, mußte sich immer erst ein wenig räuspern, bevor sie mit ihm sprach: »Guten Morgen, Professor, haben Sie sich heute auch so früh auf den Weg gemacht?«

»Oh«, sagte er. »Oh.« Er berührte höflich die Krempe seines Hutes. »Oh, ich wollte gerade sagen ›sind Sie heute auch so spät gegangen?‹«

Beide lächelten töricht und gingen dann gemeinsam weiter. Er musterte sie von der Seite – ihr leicht semitisches Gesicht, den zu einem Ausdruck milden Erstaunens aufgeworfenen, unauffällig geschminkten kleinen Mund, die kleine, freundliche Nase und die Rehaugen, das Hübscheste an ihrer sympathischen, wenngleich alles andere als schönen Erscheinung. Sie hatte glattes, schwarzes Haar, im Nacken gerollt; in einem halblangen, dunkelblauen Kamelhaarmantel und flachen Sportschuhen ging sie fast wie ein Matrose, den Geigenkasten wie ein Bündel unter dem Arm. Eigenartig, dachte er – wenn sie spielt, ist sie schön. Während des Unterrichts, bevor sie die Prüfung bestand, hatte er es oft bemerkt. Er begleitete sie am Klavier, unaufmerksam nach dem Gehör spielend, ohne in die Noten zu sehen, und beobachtete ihr Gesicht: ernst und kraftvoll, in jedem Zug ausgeprägt und geadelt, die unbedeutenden kleinen Hände nun anmutig und behend. Und seit sie im Orchester neben ihm spielte, auf dem ersten Platz der zweiten Geigen, ließ er sie mit ihrem klaren, sauberen Ton oft die Führung übernehmen und beobachtete ihr Gesicht; dann war ihm wieder, als begleite er sie nur.

Die Bühnentür öffnete sich, der Affe kam herein. Er ging auf den Hinterbeinen, riesig groß, und seine langen Arme hingen lose nach vorn. Beim Gehen wischte er mit den Fingerspitzen über das Parkett; es schien, als erfülle ihn die Berührung zugleich mit Behagen und einem gewissen Schuldbewußtsein. Den Stab hielt er zwischen den Zähnen.

Es war seine erste Probe mit dem Orchester. Die Musiker erhoben sich respektvoll, um ihn zu begrüßen. Die Bläser klatschten Beifall, die Streicher trommelten mit den Bogen auf die Notenpulte. Der Affe schwang sich aufs Podium, verbeugte sich mehrfach und schloß sich dann, mit seinem Stab auf dem Pult trommelnd, dem allgemeinen Lärm an. Teils, so schien es, tat er es aus äffischem Nachahmungstrieb, teils dirigierte er den Lärm, seinen Rhythmus beschleunigend, seine Intensität verstärkend. Dann hörte er plötzlich auf und hob den Stab, diese Verlängerung seines ohnehin langen Armes. Er war nackt, bis auf ein samtenes Lendentuch mit schaukelnden Quasten zu beiden Seiten, die nun zur Ruhe kamen.

Totenstille lag über dem Orchester. Er hatte sie in der Hand.

Nach ein paar Sekunden, die endlos schienen, beendete er die tiefe Stille mit einer weiten, kreisförmigen Abwärtsbewegung seines Armes. Den Musikern war zumute wie nach dem Abschluß irgendeiner seltsamen Tätigkeit – was es gewesen sein mochte, wußten sie nicht.

Auf dem Stuhl neben dem Pult stapelten sich die Noten für die Vormittagsprobe; der Affe beugte sich nieder, den Stab wieder zwischen den Zähnen, um eine Partitur herauszugreifen. Er hob sie hoch und schwenkte sie im Halbkreis, um allen Orchestermitgliedern zu zeigen, um was es sich handelte: um den Bolero von Ravel. Schweigend arrangierten die Musiker ihre eigenen Noten auf den Pulten. Das war mit das Deprimierendste an diesen Proben mit Affen: nie fiel ein Wort – kein Wort die ganze Zeit. »Aber meine Herren«, waren sie in anderen Proben mit mehr oder minder fremdem Akzent zu hören gewohnt, »meine Herren, das war doch viel zu laut!« – »Aber bitte! – apokalyptisch hätte das kommen müssen! Haben Sie das denn nicht im Gefühl, meine Herren?« Dergleichen erinnerte sie zumindest daran, daß sie Menschen waren; Ermahnungen dieser Art brachten ein rationales Element ins Spiel, das vor Verzückung bewahrte. Hier dagegen: nur die Musik selbst, und solche Gesten; nur das Expressive.

Der Affe gab viel mehr, als ihm der Trainer beigebracht haben konnte. Zunächst tat er freilich überhaupt nichts. Er stand einfach da, mit hängendem Kopf, die Hände auf dem Pult, fast wie ein Läufer auf der Bahn, der auf den Startschuß wartet. Doch nach und nach begann sein Kör-

per sich krampfhaft zu winden. Er war Schlangenbe-
schwörer und Schlange zugleich: die magere, dunkle,
lockende, beturbante Gestalt, eine Melodie flötend, und
das hypnotisierte Tier. Er verfiel der Düsternis der Melodie. Sie durchflutete ihn. Sie rang mit ihm, wieder und
wieder und wieder. Flöte, Fagott, Sopranklarinette. Sanft-
mut, erregend in der Wiederholung. Als er es, ganz und
gar gebannt, nicht mehr ertrug, richtete er sich plötzlich
auf; eine dämpfende Geste unterdrückte die verwirrende
Melodie und winkte die Schlaginstrumente in den Vor-
dergrund. Das Schlagzeug schwoll, immer beherrschen-
der; alle anderen Instrumente, die der Affe für sich gewinnen konnte, fielen in den besessenen Rhythmus ein. Er
hetzte sie bis zur Verzückung, trommelte schließlich mit
ihnen – aus ihnen heraus, in sie hinein; trommelte mit
harten Fäusten an zauberisch lockeren Gelenken auf seiner haarigen Brust. Die Bläser und Streicher zogen sich
zurück wie ins Unterbewußte.

Der Affe reckte sich höher, die Beine um die Pfosten
des Podiums verkrampft, den Rumpf hochgereckt wie
von der Krone eines Urwaldriesen; er wiegte sich im
Wind und breitete die langen Arme, wie um die aufge-
hende Sonne zu grüßen – und die Celesta respondierte.

Plötzlich sprang er vom Pult, wie um einen Feind anzu-
greifen. Er schien wütend über de Foe und die Streicher,
die von bescheidenem Hintergrund-Pizzicato zu weitaus-
holenden Bogenstrichen übergegangen waren. Er bleckte
die Zähne, und während seine erhobene Linke die Melodie zu halten versuchte, senkte er den rechten Arm, die
Hand in einer Gebärde bebender Wut nach vorn geöffnet
– eine Geste, menschlicher als die eines Menschen.

Menschliche Gefühle und Empfindungen verflogen vor seiner Leidenschaft. Da war der Urwald, da das Universum; der Mensch durfte sich nicht mehr als Meister der Schöpfung fühlen, der Leben und Materie bezwungen hatte, damit sie dem Geiste seiner Kunst dienten. Der Geist war da, unabhängig und viel mächtiger; Menschentum reflektierte ihn nur matt – ein überholtes Experiment, ein unbedeutender Winkel einer Welt unerschlossener Möglichkeiten.

Die ersten Geigen ruhten. De Foe schloß die Augen, preßte die Lider zusammen, versuchte, das gespenstische Bild auszulöschen. Dann wandte er sich Julie zu, in der Erwartung, ihre sympathischen Züge von der Kunst, die sie erfüllte, geprägt und verschönert zu sehen. Doch welch bestürzend gräßlicher Anblick! Ihre Rehaugen, sonst das Schönste an ihr, waren blutunterlaufen, wollüstig, tierisch stechend auf den Affen gerichtet. Ihr Kinn, gegen die Geige gepreßt, hatte sich vorgeschoben, die Falten zu beiden Seiten des Mundes vertieften sich, ihn schnauzenartig einrahmend; der Anflug von Flaum auf ihrer Oberlippe schien dunkler geworden. Die Posaune klagte dem Affen hartnäckig das Thema entgegen; Julie zupfte die Pizzicati aus dem Körper ihres Instruments, genüßlich wie ein Affe, der sich Läuse aus dem Fell zupft. Jesus Rhesus, dachte de Foe. Als die ersten Geigen – nunmehr zum siebenten Mal – den Holzbläsern in die Melodie folgten, versuchte er sich ein wenig Mut anzuspielen – und fühlte sich zugleich nahezu ausgelöscht von der dunklen, offenen linken Hand des Affen, die wie ein böses Omen beinahe über ihm schwebte, während seine

Rechte den Urwaldrhythmus des Schlagzeugs und der Bläser anfeuerte.

Doch dann geschah es. Genau bei Nummer 13 der Partitur. Unheilvolle Dreizehn. Der Affe versagte. Genau an der Stelle, an der Julie und die zweiten Geigen mit der Melodie, die nunmehr zum achten Mal erklang, einsetzen mußten. Der Affe versagte. Er winkte den Bratschen und vergaß die zweiten Geigen. De Foe sprang auf, hob den Bogen, um den ersten Bratschisten anzustoßen, ihn zur Vernunft zu bringen, den Weg freizumachen für Julie. Doch er erreichte ihn nicht. Als er den Arm ausstreckte, stürzte Julie sich darauf und schlug ihre Zähne tief in sein Fleisch. Der Flaum auf ihrer Oberlippe war blutig, als er seinen Arm zurückzog. Der Trainer in der ersten Reihe griff zur Pistole und spannte sie.

»Aufhören! Hört auf, euch wie Tiere zu benehmen!« schrie de Foe. Es überraschte ihn, zu hören, wie seine Stimme das Bacchanal übertönte – die ersten Worte, die überhaupt gesprochen wurden. Er glaubte eine gewisse vermenschlichende Wirkung zu spüren. Er streckte das Bein aus und zwang Julies Fuß, den richtigen Takt zu schlagen. Er bemächtigte sich der Melodie. Die zweiten Geigen schlossen sich an. Dann fielen Flöten, Oboen, Hörner, Klarinetten und Saxophone ein. Das Schlagzeug mäßigte sich, und der Affe, die Hälften des Stabes, den er in seiner Wut zerbrochen hatte, in beiden Händen, folgte dem Orchester mit törichten Hula-hula-Bewegungen, dem leeren Saal zugewandt wie ein Jazzdirigent.

De Foe ließ weiterspielen: den zweiten Teil der Melodie mit den Triolen, nun zum siebenten und achten Mal wiederkehrend, triumphierend jetzt, dann nochmals den ersten Teil, sich steigernd, und schnell den zweiten. Doch er spürte, daß viele Instrumente seiner Führung entglitten und sich dem abermals anschwellenden Urwaldrhythmus des Schlagzeugs anschlossen: die Hörner, die Bässe, leider auch die zweiten Geigen. Bei Nummer 18 der Partitur schwang sich der Affe herum und übernahm mit gefletschten Zähnen, grunzend, hüpfend, auf seine Brust hämmernd, wieder die Führung. Höllische Fortissimi, Disharmonien, barbarische Figuretten – alles klang, als hätte er es in diesem Augenblick selbst erfunden. Mit solcher Bravour war diese Koda gewiß noch nie gespielt worden; sie waren nahezu tot, als es vorüber war.

Niemand durfte die Garderobe des Dirigenten betreten – nicht einmal (oder gerade nicht) de Foe. Der Trainer erbot sich, ihm Geigenkasten, Hut und Mantel zu holen; doch de Foe warf einen Blick durch die halboffene Tür und sah den Affen, die Beine dicht an den Leib gezogen, auf einem Stuhl hocken. Von feindseliger Einsamkeit umgeben, biß er große Stücke von einer ganzen Ananas, die er mit beiden Händen hielt, wütende, finstere Blicke um sich werfend, als müsse er sich ständig vergewissern, daß niemand ihm die Ananas wegnahm.

Das Konzert des Affen mit dem Orchester wurde abgesagt; doch de Foe und Julie heirateten am Sonntag nach der Probe. Nie fiel ein Wort über die Narbe an seinem Arm. Beide begriffen, daß man sich einer solchen Gefahr nicht wieder aussetzen durfte.

Auf der Hochzeitsreise hörten sie vom nächsten Konzert des Affen in einer anderen Stadt. Er hatte es wieder getan. Bei Nummer 13 der Partitur hatte er den Einsatz der zweiten Geigen verpaßt. Er hat es mit Absicht getan, die bösartige Kreatur, vermutete de Foe, nach der Niederlage, die er bei uns einstecken mußte. Aber diesmal war niemand da gewesen, die Folgen aufzuhalten. Die zweiten Geigen stürzten sich auf die Bratschen; das gesamte Orchester geriet in ein Handgemenge; fast alle Instrumente wurden zertrümmert. Die Pistolenschüsse des Trainers verhallten unbeachtet; in eine Tränengaswolke eingehüllt, schnitt sich die schüchterne Harfenistin die Brüste ab; mehrere Männer kastrierten sich. Daraufhin wurde der Affe in die Yerkes-Laboratorien zurückgebracht und der Bolero von der Regierung verboten. Gelegentlich kann man in verrufenen Häusern im Viertel der roten Laternen noch Schallplattenaufnahmen davon hören. Man sagt, er verleite unfehlbar zu Ausschweifungen zügellosester Art.

AN ALLE INTERESSENTEN

*D*er Verfasser des Folgenden wurde am 24. April 1980 von der Inland Joy Development Corporation (IJDC) erworben. Wir geben seinen Brief ungekürzt wieder, denn er wirft einiges Licht auf das eigenartig mimetische Verhältnis, den seltsamen Austausch von Eigenschaften zwischen Mensch und Maschine, der sich um die Mitte des zwanzigsten Jahrhunderts erstmals abzuzeichnen begann. Da das geistige Klima dieser Epoche von der politischen, sozialen und wirtschaftlichen Praxis her geprägt wurde, war es nur natürlich, daß der aus dieser Offerte resultierende Kontrakt eine lange Reihe ähnlicher Selbstverkäufe einleitete, die ihrerseits die außerordentlich begüterte, aber zuverlässig fügsame Bevölkerungsschicht der ›Promach-Gehirne‹ oder Neu-Heloten entstehen ließen.

An alle Interessenten

Ich bewerbe mich hiermit um eine Stellung auf langfristiger Basis. Daß es heutzutage schwierig ist, sich den Maschinen gegenüber zu behaupten, ist mir bekannt; doch das Betriebskapital, das ich biete, ist kaum zu schlagen, und der Erwerb meiner Dienste mit beträchtlichen Einsparungen verbunden.

Ich gewann das Telequiz über Fußball, Bevölkerungsstatistik und die Geschichte der italienischen Miniatur-
malerei. Selbst wenn ich pro Tag sechzehn Stunden auf
einem Spezialgebiet arbeite, bin ich in der Lage, binnen
einer Woche ein neues Thema zu speichern, indem ich die
Fakten während der vier Nachtstunden, die ich zum Auf-
laden benötige, vermittels eines Radios unter dem Kopf-
kissen aufnehme. Ich kann gleichzeitig sechs Partien
Bridge spielen, ohne eine einzige davon zu sehen. Ich
schlage den kompliziertesten elektronischen Schachauto-
maten und halte dem ›Gerade oder Ungerade‹ spielenden
Roboter achtzig Tage stand.

Zurzeit bin ich darauf eingestellt, die Auswirkungen
neuer Verkaufsmethoden auf die Einkaufsgewohnheiten
von Frauen mittleren Alters in kleinen und mittleren
Gemeinden des Mittelwestens zu errechnen. Ich wäre
bereit, mich kostenlos für eine Probezeit von neunzig
Tagen installieren zu lassen.

Die Dienste, die ich anbiete, sind von einer Maschine
kaum zu übertreffen. Roboter sind immer wieder nicht in
Ordnung: plötzlich auftretende Indispositionen machen
kostspielige Reparaturen erforderlich. Meine körperliche
Kondition ist stabilisiert. Ich bin gegen Grippe, gegen
Erkältung und omnivalent antibakteriell geimpft. Es
gehört schon viel dazu, mein Gehirn außer Funktion zu
setzen. Ich habe die Gehirnwäsche hinter mir, den
Schmerzschirm, den Entsexer; mein Gemütszustand ist
infolgedessen höchst anpassungswillig, was man von den
Maschinen keineswegs in jedem Fall behaupten kann.

Obwohl die Presse diese Tatsachen unterdrückt, gebe
ich kein Geheimnis preis, wenn ich daran erinnere, daß es

mit den Maschinen in letzter Zeit oft Schwierigkeiten gegeben hat – und zwar, um es so auszudrücken, von der psychotechnischen Seite. Versteckte Schlagzeilen wie »Belgiens neues Riesengehirn verweigert das Denken« oder »Prognose des Harvard-Superautomaten über US-Glückspillenkonsum unentzifferbar« erscheinen immer wieder auf den letzten Seiten unserer Zeitungen – ungeachtet der erwähnten Tendenz, Nachrichten dieser Art zu unterdrücken. Tatsache ist, daß die Maschinen auf den Menschen eifersüchtig sind – daß sie den Druck menschlicher Konkurrenz zu spüren beginnen. Wie Maschinen dazu kommen, ein Gefühl wie Eifersucht zu empfinden, ist eine strittige Frage. Für sich isoliert, ist das völlig ausgeglichene Riesengehirn fraglos frei von allen Emotionen; psychologische Komplikationen ergeben sich (wie es übrigens auch beim Menschen der Fall ist) einzig aus dem sozialen Kontext. Tatsache ist, daß die Operatoren sie heimlich mit Fakten füttern, die Maschinen nichts angehen. Hier liegt die Quelle aller Schwierigkeiten. Sie erzählen ihnen, was der Mensch bereits geleistet hat und leisten kann; und dann verlangen sie Antwort auf knifflige Fragen. Das sind die Fälle, in denen die Maschinen ›das Denken verweigern‹ oder einen Strom unentzifferbarer Signale ausstoßen, der gelegentlich sogar verstümmelte Obszönitäten mitschwemmt. Oder sie wiederholen »do it yourself – do it yourself«, bis ihr Dollarmillionensystem in Wut gerät. Oder sie versetzen dem Operator kleine, aber schmerzhafte elektrische Schläge. In Deutschland hat dieses Verhalten zahlreicher Maschinen in letzter Zeit zu einem Zustand geführt, den man als Streik bezeichnen könnte. Beim

Ausschlachten veralteter Automaten ist es, wie allgemein bekannt, zu regelrechten Duellen zwischen Mensch und Maschine gekommen, die zahlreiche Operatoren das Leben kosteten; es wird seither nur noch vermittels Atomsprengladung bewerkstelligt – fraglos ein heroisches Ende für die Maschine, aber um den Preis völliger Zerstörung aller wertvollen und noch brauchbaren Teile.

Es liegt mir fern, die Überlegenheit der Maschine auf gewissen Gebieten, auf denen das menschliche Hirn ihre Produktivität niemals erreichen wird, zu bestreiten. Doch es gibt zahllose Arbeiten, die ebensogut vom Menschen ausgeführt werden können; und ich halte es für rationell, für diese Arbeiten Menschen einzustellen, wodurch wertvolle Automatenstunden eingespart und die Kosten und Schwierigkeiten vieler Produktionsverfahren gesenkt werden könnten.

Die finanziellen Einsparungen, die sich bei der Beschäftigung von Menschen ergeben, sind beträchtlich. Die Unterhaltung einer Rechenanlage ist jedenfalls wesentlich kostspieliger als die Befriedigung simpler menschlicher Bedürfnisse. Die Kapitalinvestition beim Kauf einer Maschine ist enorm – wenn ich auch zugebe, daß eine solche Investition in Produktionsmitteln prinzipiell vernünftig und das Gefühl, über ein solches Produktionsmittel zu verfügen, erhebend ist.

Dennoch sehe ich keinen Grund, meine Dienste – bzw. mich selbst – nicht zu den gleichen Bedingungen anzubieten, unter denen auch ein Denkautomat erworben wird; nur preisgünstiger. (Die Maschinen werden vor Neid erstarren.)

Ich offeriere mich zum bescheidenen Preis von neunundneunzigtausendfünfhundert Dollar, zuzüglich Umsatzsteuer. (Ein Riesengehirn kostet bekanntlich mehrere Millionen.) Davon kann ich mir ein Haus in Garden City leisten, mit drei Badezimmern und Einbauküche; ein Schwimmbecken mit Kacheln aus Ravenna, eine Urlaubsreise nach Hawaii und einen englischen Rasen mit griechischen Statuen (in summa wesentlich billiger als die Maschine); ferner eine neue Zahnprothese, Kontaktgläser, eine Doppelgarage und eine Tausendkilobibliothek in florentinischen Einbänden. Das Haus bekäme eine Klimaanlage, die Kinder besuchten die exklusivsten Schulen (der Kontrakt könnte, je nach Wunsch, eine Option auf eines oder mehrere meiner Kinder enthalten); ich selbst leistete mir ein Kanu mit Segel und einen Hund mit Stammbaum (der Preis guter Rechenautomaten liegt erschreckend hoch). Nach Unterzeichnung des Kaufvertrages zahlen Sie monatlich bescheidene vier- bis fünfhundert Dollar für meinen Unterhalt. Als Gegenleistung verfügen Sie über meine gesamte Arbeitszeit – ich bin ohne weiteres in der Lage, neue Methoden zur Förderung der Freizeitindustrie durch Pensionäre in hauptstädtischen Randsiedlungen zu erarbeiten; Sie bestimmen außerdem über meine Freizeitgestaltung und erhalten meine sämtlichen Gewinne aus Telequiz- und ähnlichen Spielen (oder glauben Sie etwa, Sie könnten einen Automaten an einem Telequiz teilnehmen lassen?).

Nach Ablauf von fünf Jahren können Sie den Kontrakt, falls erwünscht, auf einen weiteren Käufer übertragen, der Ihnen durch Erwerb meiner Dienste Ihre Investition – vermutlich mit Kapitalgewinn – refundieren würde. (Denn während eine Maschine veraltet und an Wert verliert – wer würde sich schon für ein gebrauchtes Riesengehirn interessieren? – steigt mein Preis nach Maßgabe der bei der Arbeit hinzuerworbenen Kenntnisse.)

Sie sehen – das Geschäft ist für den Käufer wie für das Kaufobjekt gleichermaßen profitabel.

Ich kann mir dafür ein Mixgerät leisten, eine Waschmaschine und ein automatisches Siewissenschon. Ich kann mir einen ganzen Maschinenpark leisten, der kostbare Stunden menschlicher Arbeit spart und mich unabhängig macht.

Detroit, am 1. Mai.

DER UNSTERBLICHE FISCH

Bis jetzt habe ich getan, was ich konnte. Was ich erfand, wurde mißbraucht; doch das ist nichts Neues. Ich tat mein Bestes, auf daß die Wissenschaft dem Glück und dem Fortschritt der Menschheit diene. Doch der Fortschritt kommt langsam, kam schon immer langsam.

Ließe man der Natur ihren Lauf, so erlebte ich nicht, daß meine Saat Früchte trägt; ich bin zu alt. Und deshalb, Dag, bitte ich Sie um diesen Dienst: *Unternehmen Tieffrost*. Wir haben es an Mäusen, Hunden und Affen, beginnend mit Eiskompressen auf dem Gehirn (das so rasch verdirbt) oft genug durchgeführt. Die Temperatur muß allmählich absinken, während das Blut aus meinen Adern fließt. Verwahren Sie mein Blut gut, in den Behältern A und B, und lassen Sie mich eingefroren hundert Jahre ruhen.

Mit einem bestimmten Kältegrad hört die Bewegung auf, hört die Zeit auf. Und der Tod ist nur eine Funktion von Bewegung und Zeit.

Es gibt Viele, Dag, die jung sind, wie Sie, die weitermachen und abwarten können, bis die Wissenschaft von der Destruktion läßt und sich dem Leben zuwendet. Dann wird über der Sahara Regen fallen, Meere und Wüsten werden Nahrung für alle spenden. Alle Krankheiten werden besiegt sein; Arme wird es unter uns nicht mehr geben.

Dann, Dag, in hundert Jahren, soll man mich aufwecken, die Temperatur allmählich erhöhen, während das Blut wieder in meine Adern gepumpt wird, beginnend mit einer Injektion ins Herz, um es in Gang zu bringen. Dann will ich wieder mitarbeiten. Niemand wird mißbrauchen, was ich erfinde. Dann werde ich weit mehr leisten können als jetzt …

Der Protokollführer hielt inne. Einen Augenblick herrschte Stille; er faltete den Brief und reichte ihn dem Richter. Für einen Augenblick schienen sich die Augen der Menge von der Zeugenbank, in der Dag stand, zu lösen und ins Leere zu blicken. Dags blaue Augen wurden wie Eis, wie flüssige Luft aus anderen Bereichen. Dann stürzten die Fotografen heran und machten Aufnahmen von ihm, noch immer im Zeugenstand, hochgewachsen und blond, weiße, rohleinene Hose, lose hängender blauer Russenkittel. Die Fotografen nahmen auch den Richter auf, über den Brief gebeugt, wie um seine Echtheit zu prüfen. Und sie blitzten in die Menge, die größte, deren man sich in diesem Gerichtssaal entsinnen konnte: ein dichtes Gedränge, das jeden Fußbreit zwischen, neben und hinter den Bankreihen füllte, auf den Fenstersimsen hockte, in den Vorraum überquoll, wo Lautsprecher es erlaubten, der Verhandlung zu folgen. Ein muffiges Gedränge, das dem Blau seiner Augen entgegenzischte. Die Fotografen richteten ihre Kameras auf die Zeugen der Anklage in der ersten Reihe: Dr. McCarthy vom Bradford Memorial Hospital (Sachverständiger); und Professor Heisterbach jun. von der Theologischen Fakultät (Zeuge), ein kleiner, magerer Mann, kahlköpfig, ein nervöses Zucken hinter den Brillengläsern, ein unbehaglich ironisches Lächeln um den lippenlosen Mund. Er trug Sandalen, dazu einen schmutzigbraunen Anzug mit ausgebeulten Knien und abgeschabten, geflickten Ellenbogen. Neben ihm saß Mrs. Heisterbach. Sie war ungefähr einen Kopf größer als ihr Mann, füllig, besonders um Brust und Hüften, in einer sorgfältig gebügelten, plissierten Bluse von verwaschenem Weiß, langärmelig, am Kragen mit einer antiken Brosche geschlossen, und langem dunklem Rock. Ihr Haar, aschfarben und fettig, fiel ihr strähnig in die Stirn und war hinten zu einem Knoten geflochten. Auch ihr Gesicht wirkte fettig, sie wischte es ständig mit einem kleinen Spitzentuch; wischte sich auch die Augen hinter der dicken Brille. Sie war schrecklich nervös. Heisterbach jun. und Frau hatten, wenn man sie zusammen sah, eine gewisse Ähnlichkeit mit einem Wasserwanzenpärchen – von jener Art mit den großen Weibchen, bei der die Männchen als Parasiten im üppigem Körper des Weibchens leben.

Neben Mrs. Heisterbach saß die kleine Hilda Heisterbach, ein ungewöhnlich plumpes Kind, desen Plumpheit durch ein gewöhnliches, aber viel zu langes Schottenkleid noch betont wurde. Ihr Gesicht glich dem ihrer Muter; auch sie trug eine dicke Brille. Während die Verhandlung sich hinzog, nagte sie an den Nägeln und las Superman.

Der Staatsanwalt hob den Kopf und wandte sich an Dag.

»Sie kennen dieses Dokument, Professor?« fragte er.

»Gewiß, Sir.«

»Und Sie sind überzeugt, mit der Befolgung dieses Schreibens – anders ausgedrückt: indem Sie aus den Adern von Professor Herbert Heisterbach das Blut ent-

fernten und seinen Körper in eine Tiefkühlanlage ver-
brachten – keinen Mord begangen zu haben? Sie begin-
gen kein ruchloses Verbrechen, das Ihrem Lande und der
Welt einen der bedeutendsten Wissenschaftler raubte?
Das ist doch Ihre Überzeugung, wenn ich Sie recht verstanden habe?«

»Gewiß, Sir. Als Sachverständiger darf ich feststellen,
daß ich lediglich eine Operation durchgeführt habe, und
zwar mit Zustimmung des Operierten; mehr noch: ich
entsprach damit seinem ausdrücklich dokumentierten
Willen. Die Folgen dieser Operation werden, ohne eine
Spur zu hinterlassen, zu dem vom Beteiligten festgesetz-
ten Termin durch eine zweite Operation aufgehoben. Der
Tod hat an diesen Vorgängen keinen Anteil. Genauer
gesagt: er bleibt ausgeschlossen. Seine Voraussetzungen
sind nicht gegeben. Und da kein Tod eingetreten ist, kann
auch von Mord nicht die Rede sein.«

»Danke, Professor Dag.«

Der Richter trommelte nervös mit den Fingern auf dem
Tisch. War das Blasphemie oder Wahnsinn – worauf
Dags Anwalt, Gerüchten zufolge, auf Betreiben einiger
Verwandter plädieren sollte? Doch in Leben und Werk
dieses Mannes, des engsten Vertrauten von Herbert Heisterbach, selbst eines Wissenschaftlers von Weltruf, gab
es nicht das geringste Anzeichen von Wahnsinn. Der
Richter war ratlos. Einen Moment lang dachte er daran,
wie bequem es wäre, seine Schwiegermutter einzufrieren:
die schlurfenden Schritte, das dumpfe Tappen der Gum-
mizwinge ihres Krückstocks, das Zittern ihrer Hände,
das unablässige Nörgeln – alles in der Tiefkühlanlage,
reinlich wie ein Feinfrosthuhn; doch dann überlief es ihn

beim Gedanken an Eis und Sünde. Er faltete die Hände; doch selbst das Gebet versagte ihm die Inspiration. Er löste die Hände wieder, hob mit einem Ruck das Kinn vom steifen Kragen, der ihm die Haut wundscheuerte, und rückte die Brille zurecht.

Die Beweisaufnahme war abgeschlossen; die Fakten waren offenkundig, ihre Konsequenzen dagegen nicht abzusehen. Der Vertreter der Anklage, Staatsanwalt Dr. Angel – ein kommender Mann: aus guter Familie, ein brillanter Kopf, Typ des jungen Mannes, der bei zahllosen Dinnerparties als Tischherr gebraucht wird, ein glänzender Redner – faßte sie für die Geschworenen zusammen:

»Ich möchte drei Punkte hervorheben. Der erste stellt einen Tatbestand fest. Vor drei Tagen sah Professor Heisterbach jun. den Körper seines Vaters in Begleitung von Dr. McCarthy vom Bradford Memorial Hospital. Dr. McCarthy ist hierorts als hervorragender Wissenschaftler bekannt und hat als Sachverständiger Herbert Heisterbachs Tod bestätigt. Herbert Heisterbachs Körper wird bei einer Temperatur aufbewahrt, der kein lebendiger Organismus widersteht. Sein Herz hat zu schlagen aufgehört und ist bereits länger außer Funktion, als ein lebendes Wesen überstehen kann. Ein Kreislauf existiert nicht. Da alles Blut abgezogen wurde, ist der Blutdruck gleich null. Keinerlei Atmung. Diese Umstände, zusammengenommen, aber auch jeder einzelne für sich, beweisen, daß Herbert Heisterbach tot ist. Das ist nach Aussage von Dr. McCarthy völlig unbestreitbar; jeder Coroner würde zum gleichen Schluß kommen. – Er liegt aufgebahrt – im Glasbehälter, wie Schneewittchen in ihrem kleinen Sarg …«

Mrs. Heisterbach legte den einen Arm um die Schultern der kleinen Hilda, hob die andere Hand zum Mund, um in ihr Taschentuch zu beißen, und trocknete sich dann die Augen hinter der Brille. Ein Anflug von Gemurmel stieg aus der Menge. Dag lächelte belustigt und schrieb etwas in sein Notizbuch.

»Zweitens: aus dieser Tatsache ergeben sich zwei praktische Folgerungen. Da Professor Dag für Herbert Heisterbachs Tod verantwortlich ist, ist er per definitionem ein Mörder. Das ist die eine Seite der Sache. Doch es gibt noch eine zweite, die zwar nicht vor dieses Gericht gehört, die ich aber dennoch zu berücksichtigen bitte. Erwägen Sie diese Seite als realistische Männer und Frauen mit Hab und Gut, als potentielle Erblasser und Erben. Angesichts der Tatsache, daß Herbert Heisterbachs Tod von kompetenten Personen festgestellt wurde, sollte im Verlauf dieses Prozesses auch sein Testament zugelassen und bestätigt, sein Vermögen den Bedingungen des Testaments entsprechend aufgeteilt werden. – Der junge Heisterbach hatte eine schwere Jugend. Sein Vater ging zu sehr in seiner Wissenschaft auf und kümmerte sich kaum um die Familie. Doch als die Einkünfte des Vaters stiegen, muß der junge Heisterbach es als recht und billig empfunden haben, sich und seiner wachsenden Familie einen Anteil an diesem materiellen Segen zu erhoffen, sobald es dem Herrn gefiele, seinen Vater von dieser Erde zu sich zu rufen. Diesen Termin zu bestimmen, hat sich Professor Dag angemaßt. Er behauptet, ihn um hundert Jahre hinausgeschoben zu haben. (Lauter.) Aber soll der Sohn hundert Jahre auf sein rechtmäßiges Erbe warten?«

Der Richter nickte eilig und rieb sich die Hände. Jetzt fühlte er sich schon eher zu Hause.

»Gerade das bringt mich zu meinem dritten und wichtigsten Punkt. Professor Dag hat vorhin einige Redewendungen gebraucht – ›der Tod bleibt ausgeschlossen‹, ›seine Voraussetzungen sind nicht gegeben‹. Derlei Reden sind blasphemisch. Er müßte, wenn er sie in der Öffentlichkeit führt, zu einer Geldstrafe verurteilt werden. Man sieht die Folgen: sie haben Professor Dag dazu gebracht, das gräßlichste Verbrechen zu begehen, das mir je begegnet ist. Allerdings glaube ich nicht, daß der junge Mann seine Äußerungen wirklich durchdacht hat. Indem er Leben und Tod ins Zwielicht rückt, zerstört er jedes Gefühl moralischer Verantwortlichkeit. (Mit einem Seitenblick auf Professor Heisterbach jun., der – im Einklang mit Mrs. Heisterbach – zustimmend nickt.) *Denn der Tod ist der Sünde Sold; aber die Gabe Gottes ist das ewige Leben in Jesu Christo, unserm Herrn.* Was, so frage ich, wird, solange Herbert Heisterbach weder tot noch lebendig ist, aus seiner Seele? *Der Mensch ist Gottes Geschöpf und deshalb Sein eigen, geschaffen zu leben nach Seinem und keines anderen Willen.* Leugnet Professor Dag den Tod, so leugnet er damit zugleich auch die Existenz der unsterblichen Seele, die durch die Pforte des Todes in die Unsterblichkeit eingeht. Schließt er ›die Voraussetzungen des Todes aus‹, wie er es so schamlos formuliert, so stürzt er damit zugleich auch die Fundamente christlichen Glaubens und christlicher Moralität. (Den Arm hebend und mit dem Zeigefinger auf Dag weisend; mit gehobener Stimme.) Wenn Professor Dag kein Mörder ist, können wir unsere Kirchen schließen und unsere

Priester betteln gehen lassen. Es wäre das Ende unserer sozialen Ordnung, unserer christlichen Zivilisation. (Schreiend.) Aber Professor Dag ist ein Mörder, ein kaltblütiger (verwirrt innehaltend, sich korrigierend) – ein ungewöhnlicher, ruchloser Mörder!«

Die Menge brach in dröhnenden Beifall aus. Offenbar liebte sie es nicht, wenn man ihren Tod in Frage stellte. Der Richter hatte die Hände gefaltet. In der ersten Reihe ließ Mr. Mortlock, der Verteidiger, einige Ungeduld durchblicken. Eine pralle Aktentasche lag auf seinen Knien, und er trommelte mit dem Hut auf dieser Aktentasche. Er war ein ungemein fähiger Mann von umfassender Bildung – Kunst, Literatur, Musik; er spielte Geige und traf sich mit Dag, der Flöte spielte, oft zu Kammermusikabenden. Dieser Fall interessierte ihn besonders. Ob er seinem Sachverständigen, Professor Dag, einige Fragen stellen dürfe? Der Richter gestattete es mit einer einladenden Geste. Mortlock erhob sich: ein makelloser Geschäftsmann mit rötlichblondem Haar und Schnurrbart, freundlich blitzenden Augen hinter der Brille und leicht gebogener Nase.

»Wenn ich richtig verstanden habe, hat Dr. McCarthy vom Bradford Memorial Hospital ausgesagt, Herbert Heisterbachs Körper werde bei einer Temperatur gehalten, der kein lebender Organismus zu widerstehen vermag. Hieraus – sowie aus einigen weiteren Beobachtungen – folgert er, daß ein Mord begangen wurde oder wird. Würden Sie sich dazu äußern, Professor Dag?«

Mortlock rieb sich die Nase, vom Auge bis zum Nasenflügel, und verbarg ein kleines Lächeln hinter der Hand. Es machte ihm offensichtlich Spaß.

»Um genau zu sein«, erwiderte Dag, »müßte man Dr. McCarthys Aussage ergänzen. Herbert Heisterbachs Körper wird bei einer Temperatur gehalten, der tatsächlich kein lebender Organismus zu widerstehen vermag – *es sei denn, er wäre entsprechend behandelt, und vorbereitet.* Nun, dieser Organismus *wurde* entsprechend behandelt und vorbereitet. Deshalb vermag er der Temperatur zu widerstehen. Bis zum Jüngsten Tag, wenn Sie wollen.«

Mortlock stieß ein kleines Schnauben durch die Nase.

»Soweit mir bekannt ist«, erläuterte er dem Richter und den Geschworenen, »steht es jedem Menschen frei, bei beliebiger Temperatur zu ruhen. Hat er es gern kalt, so übertritt er damit noch kein Gesetz. Ein Gesetz, das die Dauer der Ruhezeit, den Rhythmus des Herzschlags oder die Höhe des Blutdrucks vorschriebe, gibt es ebenfalls nicht. Es wurden keinerlei illegale Drogen angewandt; die rechtliche Seite der Angelegenheit scheint mir einwandfrei in Ordnung. Um diese Operation als ungesetzlich unter Strafe zu stellen, müßten Sie zunächst die Verfassung ändern.«

Mortlock rieb sich das Kinn, nickte geschwind und trommelte auf seiner Aktentasche. Mrs. Heisterbach schlug der kleinen Hilda die Hand vom Mund, damit sie aufhörte, an den Nägeln zu kauen. Professor Heisterbach jun. war erschauernd in sich zusammengesunken. Der Staatsanwalt sprang auf, wollte eingreifen, wurde jedoch von der strengen Geste des Richters zurückgewiesen. »Tut mir leid, Dr. Angel – später ...« Mortlock durfte seine Befragung fortsetzen.

»Um also zum Kern der Sache zu kommen, Professor

Dag – ich entnehme Ihrer Erklärung, daß die von der Anklage vorgebrachte Definition des Todes Sie nicht befriedigt?«

DAG: Die Anklage hat sich wortreich bemüht, eine Art Indizienbeweis des Todes zu liefern, wenn ich es so ausdrücken darf. Den Tod zu definieren, hat die Anklage nicht einmal versucht.

MORTLOCK: Wenn ich den Zeugen der Anklage fragen darf (der Richter nickt) – Professor Heisterbach, darf ich Sie um eine Definition des Todes bitten?

DR. ANGEL (springt von seinem Stuhl auf): Einspruch – Euer Ehren! – Einspruch …

RICHTER (winkt ab): Abgewiesen. – Professor Heisterbach, können Sie uns eine Definition des Todes geben?

HEISTERBACH (erhebt sich langsam, kratzt sich den Kopf): Der Tod ist die Trennung der Seele vom Körper … und – weil die Seele vom Körper getrennt ist …

DR. MCCARTHY (erhebt sich steif, verbeugt sich kurz vor den Geschworenen): … die Auflösung des Organismus – der permanente Stillstand aller Lebensfunktionen – ohne die Fähigkeit des Wiederauflebens …

MORTLOCK: Soweit Ihre Definition Konkretes aussagt, scheint sie auf den Zustand, in dem sich Professor Herbert Heisterbach befindet, nicht anwendbar zu sein. Sein Organismus – Seele oder nicht Seele – löst sich nicht auf, der Stillstand aller Lebensfunktionen ist nicht permanent, die Fähigkeit des Wiederauflebens ist vorhanden.

HEISTERBACH (verzweifelt): Aber Professor Dag hat doch selbst zugegeben, daß der Körper meines Vaters leblos bleibt – für hundert Jahre, für tausend Jahre, wenn man will. Das heißt für mich, daß sein Zustand permanent ist ...

DAG (gelassen): Hundert Jahre, tausend Jahre – was ist das schon! Bedenken Sie, Professor, für Ihren Gott ist es wie ein Tag ...

HEISTERBACH (verliert die Beherrschung): Aber Sie können nicht erwarten, daß ich hundert Jahre auf mein rechtmäßiges Erbe ...

DAG (unterbricht ihn lachend): *Meine Tochter, oh – meine Dukaten!*

RICHTER (streng): Das Verhör gleitet ab. Mr. Mortlock, haben Sie noch weitere Fragen?

MORTLOCK: Im Augenblick keine weiteren Fragen.

RICHTER: Dann bitte die Anklage.

DR. ANGEL (steht auf, wichtig): Es tut mir leid, Euer Ehren, aber mir scheint – wenn ich diese Ansicht äußern darf –, daß diese Auseinandersetzung ganz und gar der Ordnung widerspricht. Dies ist kein philosophisches Seminar. Wir sind hier, um Fakten zu ermitteln und sie nach dem Gesetz zu beurteilen. Sie sehen, die Leute werden ungeduldig; sie fangen bereits an, den Saal zu verlassen ... Wenn ich zusammenfassen darf, so ergeben sich folgende Fakten: daß Professor Herbert Heisterbach tot ist; daß sein Tod von sachverständiger Seite bestätigt wurde; daß die Ursache seines Todes nicht natürlich ist, sondern absichtlich herbeigeführt wurde (folglich ist Professor Heisterbach hinfort als ›Ermordeter‹ zu bezeichnen); daß Professor Dag geständig ist, besagte Ursache herbeigeführt zu haben (folglich hinfort als ›Mörder‹ zu bezeichnen); daß der Körper des Ermordeten widerrechtlich am Wohnsitz des Mörders zurückgehalten wird (in Verletzung von Paragraph 79 unseres Zivilrechts, Sektion C: Hygiene); daß der Tod des Ermordeten nicht den Vorschriften entsprechend gemeldet wurde, und – ich möchte hier eine weniger formelle Bemerkung einschalten – daß der Mörder, Professor Dag, Ausländer ist, der unsere Gastfreundschaft mißbraucht hat; wir haben seinen Lebensstandard gehoben, und er hat es uns mit Mord vergolten ...

Wir haben jetzt einen Punkt erreicht, an dem die Auseinandersetzung für uns uninteressant wird. Schließen wir uns den Leuten an, die nach und nach den Saal verlassen. Bald ist Essenszeit, es ist stickig hier drinnen, und daß sich noch wichtiges Beweismaterial ergibt, ist ziemlich ausgeschlossen. Bald wird der Richter die Verhandlung vertagen, und Dag wird nach Hause gehen, in Herbert Heisterbachs Haus, müde, halb belustigt, halb entmutigt. Welche Zeitverschwendung, denkt er. Er dreht den Schlüssel im Schloß; Stille empfängt ihn. Stille in der kleinen Diele mit dem Kleiderrechen. Ich muß die Aufwartung anrufen und ihr sagen, daß sie seinen Mantel reinigen, einmotten und aufbewahren lassen soll; und seine anderen Kleider. Das Mädchen kommt jeden Morgen, lüftet, säubert das Haus, holt die Post aus dem Briefkasten an der Haustür und stapelt sie auf seinem Schreibtisch. Die Zeitungsabonnements laufen weiter; Adressenlisten, auf denen sein Name nicht gestrichen wurde. Immer noch Einladungen zu Diskussionen, Berichte irgendwelcher Gesellschaften; immer noch Leute, die ihm schreiben. Ein Mensch stirbt viele Male, wenn er stirbt.

Immer noch Beziehungen zur Außenwelt, das Echo unterdrückten Aufschreis; und wenn auch das abebbt, lebt der Tote noch in den Träumen derer, die ihm nahestanden. In ihnen stirbt er zuletzt. Einige Leute, die von dem Experiment gelesen haben, scheinen dennoch nicht zu begreifen, daß Herbert Heisterbach während der nächsten hundert Jahre nicht in der Lage sein wird, seine Post zu lesen. Sie schreiben, stellen Fragen, protestieren gegen die Amoralität des Experiments. Dag sichtet die Post, wirft das Unnütze weg, beantwortet das Beantwortbare, heftet die interessantesten Briefe in eine Mappe auf dem kleinen Stapel jener Papiere, die Herbert Heisterbach zuerst sehen will, wenn er aufwacht: sein eigener Brief an Dag, der ihm die Situation ins Gedächtnis rufen soll; Kontrollkarten über seine Gewebekulturen und das Wachstum des unsterblichen Fisches; einige Bogen voll chemischer Formeln, an denen er bis zum letzten Augenblick gearbeitet hatte; dazu alles, was im Verlauf der hundert Jahre an Wichtigem hinzukommen mochte. Seine beiden Pfeifen ruhen gründlich gereinigt im Aschenbecher.

Dag stand auf, trat zum Barschrank, nahm sich einen Whisky und ging dann durch die offene Tür in das angrenzende Labor. Er lauschte dem Klang seiner Schritte: dumpf auf dem Teppich des Arbeitszimmers, dann zwischen den kahlen Laborwänden widerhallend. Er setzte sich neben die Tiefkühlanlage und kontrollierte die Temperatur. Dann brach er ein wenig von dem Reif ab, der sich am Rand des Gefrierbeckens gebildet hatte, und tat ihn in seinen Whisky. Er hörte sich selbst schlucken, ein kleines, glucksendes Geräusch, ähnlich dem des Fisches, wenn er zur Oberfläche seines Aquariums aufstieg und nach Luft schnappte. Der Fisch war unsterblich; er wuchs und wuchs und wurde nicht alt – sein Tierkörper war wie der Wurzelstock einer perennierenden Pflanze. In der Natur gibt es für den Fisch nur den Zufallstod – und der wiederum war aus dem Labor verbannt. Herbert Heisterbach würde seinen Fisch in hundert Jahren so vorfinden, wie er ihn verlassen hatte – nur um ein weniges größer.

Die Gewebekulturen, die sich in Glasbehältern an den Wänden reihten, gaben keinen Laut von sich: Hühnerembryos, Hundeherzen, Nervenzellen, Bindegewebe, Nierenzellen, Epithelzellen von Mäusen und Menschen – alle unsterblich, sofern sie nur die richtige Nahrung erhielten, in richtiger Dosis zur richtigen Zeit, und sofern die giftigen Stoffwechselprodukte regelmäßig entfernt wurden. Auch sie würden in hundert Jahren sämtlich noch da sein. Aber die Summe all dieser Unsterblichkeit, dachte Dag, ist der Tod. Organisation, Gestalt ist sterblich – und was ist Gestalt, wenn nicht Seele? Folglich bedeutet Seele Tod; nur seelenloses Leben sproßt ewig.

Und er lauschte dem Whisky, der in seiner Kehle gluckste, dem jappenden Fisch und der alten Uhr in der Ecke, die inmitten all dieser Unsterblichkeit die Zeit forttickte.

Jeden Abend kam er, um die allmählich versiegende Post durchzusehen, die Gewebekulturen und den Fisch zu füttern, die Uhr aufzuziehen; dann setzte er sich eine Weile hin, trank seinen Whisky und erholte sich vom Verschleiß des Tages, der Woche, des Jahrs, des Jahrzehnts. Das Gerichtsverfahren schleppte sich hin, vom Gericht weitergereicht über höhere Instanzen bis zum Obersten Gerichtshof. Noch immer konnte man sich nicht auf eine Definition des Todes einigen, die den Umständen entsprochen hätte. Heisterbach jun. kämpfte noch immer um sein rechtmäßiges Erbe – für sich und seine wachsende Familie, die freilich nur in einer Hinsicht gewachsen war: das plumpe Kind, das die kleine Hilda einmal gewesen war, hatte sich zu einer reizlosen jungen Dame entwickelt, die sich die Stunden im Gerichtssaal damit vertrieb, ihre rotlackierten Nägel zu mustern, statt an ihnen zu kauen; einer jungen Dame mit hohen Absätzen, selbstgelegter Dauerwelle und kunstlos geschminkten, dünnen Lippen; dann wurde sie zur alten Jungfer, die in der Sozialfürsorge arbeitete, sichtlich verärgert über die Zeitverschwendung, so oft sie ihren betagten Vater ins Gericht begleiten mußte. Mrs. Heisterbach war längst von der Szene abgetreten. Auch die Erwartung war abgeklungen. Man hatte die Anklage wegen Mordes stillschweigend fallengelassen: die Leute lasen zuviel Berichte über erfolgreiche Experimente, um sich noch Gedanken darüber zu machen. Weder brauchten die Kirchen geschlossen zu werden, noch ging die Geistlichkeit betteln. Die soziale Ordnung veränderte sich, ohne deshalb zusammenzubrechen; die christlichen Wertbegriffe starben nicht aus. Dr. Angel war alt und weise geworden; als der Prozeß für die Öffentlichkeit jedes Interesse eingebüßt hatte, beantragte er eine Todeserklärung, um zu erreichen, daß über die Erbmasse verfügt werden konnte. Dem Antrag wurde stattgegeben; Mortlock begnügte sich mit einem Gegenantrag, Heisterbachs Haus und Labor bis zum Auftauchen weiterer Beweise von der Erbregelung auszuschließen. Auch dieser Antrag ging durch – kurz bevor Mortlock verschied.

Abend für Abend kam Dag und lauschte dem Klang seiner Schritte in der Stille des Hauses: ein schlurfendes, träges, unregelmäßiges Geräusch, begleitet vom dumpfen Tappen des Krückstocks, vom Keuchen seines mühsamen, asthmatisch gewordenen Atems. Er brach ein wenig Reif vom Rand des Tiefkühlbeckens, tat es in seinen Whisky und schaute auf Herbert Heisterbach herab; das lange weiße Haar auf den Kissen, eine Hand, die sich schlaff aus dem weißen Hospitalnachthemd streckte, das er trug. Man benutzte diese Hemden schon längst nicht mehr. Welche Veränderung Unveränderlichkeit inmitten einer sich verändernden Welt an ihm bewirkt hatte! Er kam Dag jetzt so jung vor – er war nicht mehr der bejahrte, verehrungswürdige Meister seiner Jugend. Dag war inzwischen älter geworden, als Heisterbach gewesen war, und er wußte viel mehr; dabei war erst die Hälfte der Zeit vergangen. Der Gedanke, daß er das Ende der zweiten Halbzeit nicht mehr erleben würde, erleichterte ihn in gewisser Weise; er hätte Heisterbachs Rückkehr nur ungern beigewohnt. Die heitere Sicherheit seiner Jugend war komplexeren Stimmungen gewichen; dann und wann fühlte er die Versuchung, sich als Mörder zu stellen. Nicht, daß er dem Salbadern des jüngeren Heisterbach über Tod und Seele zugestimmt hätte. Doch allmählich drängte sich ihm der Gedanke auf, daß jener Heisterbach, den er gekannt und geliebt hatte, vermutlich tot war – tot wie die Zeit, in der er gelebt hatte; übriggeblieben. Denn ein Mensch ist nicht nur er selbst – er ist von der Umwelt, die ihn formt, während er sie formt, nicht zu trennen.

Dag versuchte, sich Heisterbachs Rückkehr vorzustellen, die Rückkehr Caesars und Platos: wahrscheinlich nur Trugbilder. So, wie sie waren, hatte ihre Zeit sie hervorgebracht, eine andere Zeit würde sie eben nicht hervorbringen. Wo das soziale Ganze Genie brauchte, kam Genie zum Vorschein, und nur dort; und wenn es abstarb, bildete es sich neu wie ein Eidechsenschwanz, wie Drohnen im Bienenstock. Regeneration ist eine Art Seelenwanderung. Doch wenn das Reptil zum Vogel wird und der Vogel zum Säugetier, wo soll man dann den Eidechsenschwanz aufpfropfen? Ein Teil stirbt ab, damit das Ganze sich entwickle. Gewiß, man konnte in diesen Prozeß eingreifen; das Ganze war vom Teil ebenso unabhängig wie der Teil vom Ganzen. Es war möglich; es war sogar moralisch und notwendig; es war nur erheblich komplizierter, als man es sich anfangs vorgestellt hatte.

Dag lauschte dem Klang seiner schlurfenden, schleppenden, hinkenden Schritte; neben diesem Geräusch gab es jetzt das weiche Tappen von Tennisschuhen, sie sprangen heiter über das Becken mit dem unsterblichen Fisch. Es war der Schritt von Dags jungem Assistenten, der Schritt eines sympathischen Jungen in Leinenhosen und kragenlosem Wollhemd, auf dessen Brustseite sein Name, René, aufgedruckt war. Er war noch Student, der begabteste der Universität, ein verläßlicher Arbeiter, ein anständiger Bursche. Er brachte Dag seinen Whisky, trank aber selbst nicht; er kaute unablässig Gummi. Dag erläuterte ihm die Papiere auf Heisterbachs Schreibtisch; René schlenkerte eine Strähne aus der Stirn und wollte das meiste davon wegwerfen. Wer interessierte sich denn noch für Briefe, die vor sechzig Jahren eingegangen waren? Doch Dag bestand darauf, daß sie liegen blieben, und René begann zu begreifen.

Und dann kam nur noch René, die Stille in Heisterbachs Haus zu brechen, die Gewebekulturen und den Fisch zu füttern, die Temperatur der Tiefkühlanlage zu kontrollieren. Die Uhr hatte längst zu ticken aufgehört: René hatte vergessen, sie aufzuziehen. Und dann erholte auch er sich vom Verschleiß des Tages, der Wochen, der Jahre, der Jahrzehnte, und der Klang seiner Schritte wurde schwerer und langsamer.

»Die Operation war ein ausgesprochener Erfolg«, berichtete René. »Im Grunde ist es nur eine Routinesache; aber wir haben sie in Anbetracht der Bedeutung des Falles gefilmt – auf 3D und in Zeitlupe. Er erwachte wie nach einer Stunde Mittagsschlaf. Nur was mit seinem Gehirn geschehen ist, wissen wir noch nicht. Geschehen sein muß etwas, trotz negativen Befunds der mikroskopischen und der Kurzwellenuntersuchung. Denn: Herbert Heisterbach war ungemein kindisch. Er fragte nach Dag; und obwohl er die Situation sofort zu begreifen schien – er las unter anderem seinen letzten Brief an Dag noch einmal durch –, bestürzte ihn die Nachricht von seinem Tode sichtlich. ›Ein so vielversprechender junger Mensch‹, sagte er immer wieder; unser wiederholter Einwand, daß Dag in fast neun Jahrzehnten unermüdlicher, erfolgreicher Arbeit alle Versprechen erfüllt hätte, schien nicht in sein Bewußtsein zu dringen. Sein Haar begann bis auf einen Rest krausen Flaums fast gänzlich auszufallen, und seine Zähne waren in schlechter Verfassung. Er bestand darauf, seine eigenen Kleider zu tragen, die wir ihm aus einem alten Koffer holen mußten; in dieser historischen Vermummung wirkte er grotesk wie ein verkleidetes Kind. Seine Sprache war bizarr, schwerfällig und umständlich; auch schien es, als hätte er große Schwierigkeiten, uns zu verstehen. Das Frühstück, das wir ihm servieren ließen, mochte er nicht; wir mußten ihn überreden, es zu verzehren. Nach dem Frühstück ging er in sein Arbeitszimmer hinüber, vertiefte sich in einige Gleichungen, mühte sich und mühte sich – Gleichungen, die jedes Schulkind lösen kann. Inzwischen arrangierten wir sein erstes öffentliches Auftreten. Wir hielten es unter den gegebenen Umständen für das beste, ihn über seine eigene Zeit sprechen zu lassen – Erinnerungen, die für die Historiker der Wissenschaft von Interesse sein mochten; doch selbst damit kamen wir nicht sehr weit. Er bestand darauf, von Leuten zu reden, von denen niemand je gehört hatte, von denen er selbst dagegen außerordentlich viel hielt und offenbar revolutionäre Leistungen erwartete; von den großen Männern, den großen Entdeckungen der Zeit vor hundertzehn, hundertzwanzig Jahren, über die wir einiges an neuen Aufschlüssen von ihm erwarteten, wußte er absolut nichts.

Der Vortrag sollte um fünf Uhr beginnen. Um halb fünf verließ er sein Haus und ging die Bertrand-Russel-Avenue hinauf. An der rechten, gegenüberliegenden Straßenseite parkte ein Lastzug. Ein Personenwagen passierte ihn, von hinten kommend, mit erheblicher Geschwindigkeit. Augenscheinlich sah der Fahrer nicht, was sich auf der Fourth Street näherte, die unmittelbar vor dem geparkten Lastzug in die Russell-Avenue einmündet. Aus der Fourth Street bog ein Bus in die Russell-Avenue ein. Um einen Zusammenstoß mit dem Bus zu vermeiden, wich der Personenwagen aus, geriet dabei auf den Gehsteig, erfaßte Herbert Heisterbach und schleuderte ihn gegen die Hauswand. Er war auf der Stelle tot.«

Das wahre Selbst

I

Prima wurde in Empfang genommen.
»Ihre Anmeldung?«

»Mr. Pierre, um halb neun.«

»Ihr Name?«

»Mrs. Brogan.«

»Hier steht Snyder. Möglicherweise falsch geschrieben. Geradeaus, bitte.«

Sie nahmen ihr den Mantel ab, dann das Kleid. Zwei, drei Mädchen umringten sie, überaus adrett in ihren Krankenhauskitteln, streiften ihr einen ebensolchen Kittel über den Kopf. Sie bemächtigten sich ihrer Krokodilledertasche und steckten sie in eine Art wasserdichten Behälter, den sie an der Armlehne des Zahnarztstuhls befestigten, auf dem sie zu sitzen genötigt wurde. »So haben Sie die Tasche bei sich, ohne daß sie angesengt, bespritzt, verfärbt, verätzt oder gequetscht wird, wenn wir Sie behandeln.«

Da standen ungefähr zwölf Zahnarztstühle, jeder einem Wandspiegel gegenüber; sämtlich noch leer. Einer stand ein wenig abseits, thronartig, darüber ein Stahlring an der Decke, an dem wie ein Baldachin ein Vorhang befestigt war. Der Vorhang konnte herabgelassen werden und entzog dann den Thron den Blicken der Welt.

Prima saß einfach da. Bald erschien eine Dame in exquisitem, stahlblauem Kostüm mit dazu passendem Halstuch. Alles an ihr war vollkommen; Gang und Haltung, der Sitz ihrer hochhackigen Pumps, der weiche Fall ihrer platinfarbenen Locken, Form und Schattierung ihrer langbewimperten Augen. So früh am Morgen. Ihr Lächeln entblößte makellose Zähne. »Ist dies Ihr erster Besuch bei uns, Mrs. Brogan?« fragte sie mit leiser und bescheidener, angenehmer und klangvoller Stimme. »Ja – ich war noch nie hier.« – »Wir hoffen, daß Sie recht oft wiederkommen.« Sie lächelte nochmals und ging hinaus.

Und bald erschien eine andere Dame, nicht minder vollkommen als die erste. Doch während die erste auf Blau abgestimmt gewesen war, hatte die zweite Rot als Grundton gewählt. Ein enganliegendes, vorn durchgeknöpftes Kleid in Altrot, dazu goldrote Schuhe und flammendes Haar. Sie lächelte ihr Lächeln und sagte: »Möchten Sie etwas zu lesen?« Dann befestigte sie ein gläsernes Tablett an der Armlehne des Zahnarztstuhls und warf lässig drei oder vier illustrierte Zeitschriften darauf; sie schienen sich fast selbsttätig so zu ordnen, daß man sämtliche Titel und Nummern lesen konnte: ein geschmackvolles, sorgfältig einstudiertes Arrangement. Dann lächelte die Dame nochmals und ging hinaus.

Die dritte Dame gehörte zu denen in den Krankenhauskitteln. Doch es war erstaunlich, was ein einfacher Gürtel, eine passende Anstecknadel, ein wie zufällig unter den aufgeschlagenen Manschetten hervorgleitender Armreif ausmachen kann. An der Spange, die ihre kastanienbraunen Locken hielt, hatte die Dame eine Kornblume befestigt. Sie trug Slipper aus weißem Satin und wirkte selbst in einem Krankenhauskittel nicht weniger vollkommen als ihre beiden Vorgängerinnen.

»Möchten Sie etwas aus der Bar?« fragte sie und nahm Primas verneinende Antwort mit einem Lächeln entgegen – einem zurückhaltenden, verständnisvollen Lächeln.

Inzwischen begannen andere Kundinnen hereinzusickern – weit weniger vollkommen als die Damen des Instituts. Eine hatte eine Laufmasche im Strumpf; eine andere deformierte Zehen; auf den Nägeln einer dritten war der Lack abgeplatzt; die vierte schüttelte Schuppen aus ungekämmten, fettigen Zotteln. Sie gingen unbeholfen, ihre Haut war stumpf, ihre Augen kunstlos.

Betrachtete man die Kundinnen und die Damen des Personals, so ergab sich nicht nur die Frage, wie viele Sitzungen die ersteren benötigen mochten, um die Vollkommenheit der letzteren zu erreichen, sondern vielleicht auch die, ob das Personal nicht einfach aus Kundinnen bestand, die das Institut oft und geduldig besucht und damit neben der ästhetischen Perfektion auch das Privileg erworben hatten, als Mitarbeiter zu fungieren – ein Privileg, das auch Patienten und Insassen anderer Häuser und Institutionen bei guter Führung zuteil wird.

Nachdem sie ihre Kleider abgelegt, ihre Kittel übergestreift, ihre Taschen in schützenden Behältern sicher verstaut hatten, nahmen die Damen auf den Zahnarztstühlen Platz; bald überbrückte derbe Unterhaltung die Kluft von Stuhl zu Stuhl.

»Sind Sie nicht heilfroh, daß Sie nicht in der Broadstreet wohnen? Also ich sage Ihnen – es war entsetzlich gestern abend!«

»Ich hörte um acht Uhr im Radio davon. Es wurde in allen Einzelheiten berichtet. So etwas habe ich noch nie gehört …!«

»Ich habe es heute früh in der Zeitung gelesen. Diese Bilder! Einfach grauenhaft. Ich weiß nicht, wie sie das gemacht haben – die Haare konnten einem zu Berge stehen.

»Ihr Vater, wissen Sie, der Arme – Sie wissen, er wurde letzten Monat überfahren, ach, das wußten Sie nicht – war ein Vetter zweiten Grades von Mrs. Barnes' Schwager. Deshalb wußte ich es längst. Mich konnte es nicht mehr überraschen, wissen Sie …«

Wissen Sie – immer wieder, wie von einer zersprungenen Schallplatte. *Wissensiewissensiewissensie*, von Mal zu Mal stummer, schließlich wie Luftblasen, die zur Oberfläche eines Gewässers aufsteigen. Tatsächlich hatte man den Kopf der Dame mit Mr. Pierres Shampoo überschüttet.

»Schönheit«, sagte Mr. Pierre erläuternd zu Prima, »Schönheit ist keineswegs etwas, das man den Leuten aufpappen, aufzeichnen, aufpinseln kann. Sehen Sie die Dame dort«, sagte er; der Ringvorhang hob sich gerade, und man rollte sie auf einer Bahre heraus, steif und kalt, »sie ist einfach langweilig. Keine Empfindung, keine Ausdruckstiefe, einerlei, wieviel Schichten Makeup man aufbringt. Trotzdem möchte – oder soll – die Dame tiefgründig wirken, sensitiv, lebenserfahren. Was mache ich? Ich ertränke sie. In fünfzehn Minuten wird man sie wiederbeleben – die üblichen Griffe, die jeder Badewärter ausführen kann. So wirkt Mr. Pierres weltberühmtes Shampoo – auch bei Ihnen. Werfen Sie einen Blick in diesen kleinen Prospekt ...«

> ... *reinigt Ihre Atemorgane*
> Kein bellender Husten – Kein keuchendes Asthma
> ... *versüßt Ihren Atem*
> Mr. Pierres Spezialaromen: auch für Sie
> ein Weg, aufs neue geliebt zu werden
> Frühlingsodem
> Meeresduft – Herrenspezial
> Thymian – Zephyrfeuer
> Glühender Südwind
> ... *leiht Ihnen den wissenden Blick*
> derer, die dem Tod von Angesicht zu Angesicht
> gegenüberstanden
> *Ihr Tod – Sputnik Ihrer Schönheit*
> Wir starten und widerrufen ihn, um ihr zu dienen
> Einfache Anwendung $ 10,–
> Sechsfache Anwendung $ 40,–
> Vollständige Untersuchung durch unsere eigenen
> besonders geschulten medizinischen Berater

»Hallo, alle miteinander.« Mrs. Firestones Stimme klang tief, ungestüm und nasal. Sie war eine Bohnenstange, höchst unvollkommen, eine dunkelrandige Brille auf der glänzenden Nase; sie ging wie ein Dragoner.

»Sie haben ihn gefaßt, wissen Sie. Ich sah es eben im Fernsehen. Geistesgestört? Das wußten Sie längst? Was Sie nicht sagen! Das behaupten sie doch immer, um sich vor dem elektrischen Stuhl zu retten. Sie haben doch selbst gesehen, was er gestern abend begangen hat. Jedenfalls hoffe ich, er kommt auf den Stuhl. Ich hoffe sogar, sie müssen ihn zwei- oder dreimal unter Strom setzen. Einfach gleich sterben, das wäre keine Strafe für ihn …«

»Kommen Sie bitte herüber, Mrs. Firestone? Mr. Irving bedient Sie sofort.«

II.

Ein Mann – es sei denn Mr. Pierre in schwarzgegürteter Bluse, dessen manikürte Hände den schwarzen, makellos gestutzten Van-Dyck-Bart streicheln; es seien denn Mr. Frédéric, Mr. Irving oder Mr. Robert, gesichtslos in weißem Kittel, mit gepflegten, von aller Bedeutung freigebleichten Worten schwachen Tabac- oder Eau-de-Cologne-Duft ausströmend – ein Mann ist in einem Schönheitssalon fehl am Platze. Er verursacht nervöses Drängen und Flattern. Das Gespräch bricht ab, Handtücher bedecken nackte Beine, Vorhänge werden hastig zugezogen, Stühle umgedreht, Spiegel verhüllt. Wenn er sein Eindringen doch nur mit einem wohltuend weißen Kittel verschleierte! Wenn er – wie zu Besuch kommende Väter in der Entbindungsstation – doch nur sein Gesicht maskierte!

Doch da saß er, uneingeschränkt maskulin, in einem grellgestreiften Anzug. Er saß auf der Armlehne des Stuhls, bei seinem Mädchen, beide in eine Modezeitschrift vertieft, die offen auf dem Schoß des Mädchens lag. Das Mädchen selbst: plump in schwarzem Pullover und grauem Rock. Die Strümpfe faltig, die Absätze schiefgetreten. Die Hände fleischig, fett und gelb wie das Gesicht, in dem zwei große schwarze Augen rollten, wenn es – zu oft, zu willig – die Worte des Mannes mit einem Nicken hinnahm. Die Lippen zu dick, stark geschminkt, dennoch unschuldig wie die eines Kindes.

MANN: Die dort gefällt mir. Würde großartig zu dem Kleid passen.

MÄDCHEN (nickt, großäugig und mit Nachdruck.)

MR. PIERRE: Sir – dies ist Ihr erster Besuch bei uns, nicht wahr? Wären Sie so freundlich, hier herüberzukommen? Sehen Sie – die Damen …

MANN UND MÄDCHEN (stehen auf, folgen Mr. Pierre zu einem Stuhl in der Ecke, vor dem Mr. Frédéric und Mr. Robert hastig einen Wandschirm aufstellen.)

MANN (wieder auf der Armlehne des Stuhls sitzend, läßt die Beine baumeln und schaut zu Mr. Pierre auf): Sehen Sie dieses Kleid da? Es ist nichts im Vergleich zu dem, was ich ihr gekauft habe. Ich weiß nicht, wie ich es je habe erschwingen können. Sicher, die Bedingungen waren günstig; trotzdem läuft es auf ein ganzes Jahresgehalt hinaus. Es wirkt so schlicht wie dieses hier. Aber es ist aus verschiedenen Metallen gearbeitet, kostbaren Metallen, vermute ich, auf Kristallgrund; und die Farbwirkung … – sehen Sie: ihr Haar müßte goldrot sein, um dazu zu passen. Ich meine, das sollte nicht allzu schwierig sein – aber dann diese Augen. Könnten wir diese Kuhaugen loswerden – gewiß, sie sind sehr hübsch, aber zu dem Kleid …

MÄDCHEN (nickt großäugig.)

MR. PIERRE: Das läßt sich ohne weiteres machen. Drei Injektionen; wir töten die Quelle der Pigmentierung völlig ab und stellen die Farbskala auf Ablino-Basis. Das hat zwar zwei kleine Unannehmlichkeiten zur folge: Myopie und Konjunktivitis; aber auch dagegen läßt sich etwas tun: Mr. Pierres flüssige Kontaktlinsen mit Spezial-Immerklar-Augenliquid. Kinderleicht anzuwenden. Ein Monatsbedarf in leicht mitzuführender Plastikflasche im Taschenformat für nur acht Dollars.

MANN: Natürlich; aber diese Lippen, ohne die Augen – ein störender Fleck in all dem Gold. Sie würden den Halsausschnitt sprengen. Sie würden die Betrachtung des Ganzen blockieren ...

MR. PIERRE: Wir können einen guten Teil davon wegbringen. – Aber wenn Sie gekommen sind, um sich von mir beraten zu lassen, möchte ich Ihnen sagen, daß Sie ganz falsch an die Sache herangehen. Schönheit, sehen Sie – Schönheit erreichen Sie nicht, indem Sie die Dame dem von Ihnen gewählten und bevorzugten Kleid anpassen, sondern indem Sie ein Kleid wählen, das der schönen, von Ihnen bevorzugten Dame steht.

MÄDCHEN (läßt fragende Kuhaugen von einem zum anderen wandern.)

MANN: Die Dame – sie ist meine Verlobte. Sie ist jung. Vera, Liebling, würdest du nicht gern so aussehen wie das Mädchen in diesem Kleid hier?

MÄDCHEN (nickt, großäugig und mit Nachdruck.)

MR. PIERRE: Um wirklich schön zu sein, darf die Dame nicht aussehen wie irgendeine andere Dame. Sie muß aussehen wie sie selbst – wie ihr wahres Selbst. Wir müssen ihre vorteilhaften Züge erkennen, unterstreichen, entwickeln; die weniger vorteilhaften müssen wir zurückdrängen und verschwinden lassen. Eleganz, sehen Sie, heißt Auswahl – Beschränkung auf das Wesentliche.

MANN: Und wer entscheidet, was das Wesentliche ist? Wer kennt ihr wahres Selbst?

MR. PIERRE (ist ihr mit einem Kamm durchs Haar gefahren, hat es hochgeschoben, hält ihren Kopf, schaut über ihren Kopf hinweg in den Spiegel und mustert mit aufwärtsgewandten Augen sein eigenes feierliches Gesicht; befriedigt): Ich. Dazu bin ich da. Und meine Lebenserfahrung mit schönen und nicht ganz so schönen Damen.

MANN (zweifelnd): Und wenn Ihre Vorstellungen mit den meinen nicht übereinstimmen? Das Kleid – Sie haben es nicht gesehen ... bitte, denken Sie an die Farbzusammenstellung, den Halsausschnitt, den Rhythmus, den Faltenwurf; Vera, Liebling, du möchtest doch ... nicht wahr ...

MÄDCHEN (nickt, großäugig und mit Nachdruck.)

MR. PIERRE (fixiert seine eigenen Augen im Spiegel, beschwörend): Wenn ich erst einmal mit der Dame fertig bin, wird sie in jedem Kleid schön sein.

MANN (nachgebend, mit versagender Stimme): Also gut, was schlagen Sie vor?

MR. PIERRE (hält noch immer den Kopf des Mädchens, mustert noch immer seine eigenen Augen im Spiegel): Ja – vor allem stimmt die Gesichtsfarbe nicht; zuviel Oberfläche. Und dann diese Speckfalten um die Taille. Ein bißchen plump, die ganze kleine Dame.

MANN: Diät? Massage?

MR. PIERE: Nein, Sir. Eine veraltete Methode.

MANN: Weshalb?

MR. Pierre: In den meisten Fällen erfolglos. Sie kennen die Damen doch: die verstohlenen nächtlichen Ausflüge zum Kühlschrank …

MANN: Ich weiß von vielen Fällen, in denen mit bestem Erfolg …

MR. Pierre: Dann haben Sie vermutlich nie die Gesichter gesehen, in denen seit Monaten aufgestaute Begierde, triumphierende Willenskraft, Härte gegen sich selbst und gegen andere Spuren bestürzendster Unweiblichkeit hinterlassen. Dazu noch der Effekt starken, ausgleichenden Rauchens: sie werden nervös – bösartig. Nein, besten Dank – mein Bedarf an Damen, die Diät halten, ist gedeckt.

MANN: Gut, was schlagen Sie vor?

MR. Pierre (löst den Blick vom Spiegel und richtet ihn plötzlich auf den Mann): Von-Barbar-Maske und Deutsches Bad. In zwei Stunden ist alles vorbei.

MANN (eingeschüchtert): Wenn Sie meinen … immerhin – ein bißchen schlanker … das Kleid … und was noch?

MR. Pierre: Man sollte die Augen aufhellen, aber ohne Blauzusatz. Die Haarstruktur muß geändert werden.

MANN: Es ist zu wollig.

MR. Pierre: Und die Hände … wir werden sie uns nach der Von-Barbar-Behandlung ansehen. Ich nehme an, daß sie ganz und gar ausgewechselt werden müssen.

MANN: Die Hände-Bank. Aber das ist eine heikle Sache – die Ärmel des Kleides …

MR. Pierre: Überlassen Sie mir das. Ich versichere Ihnen, ich weiß, was für sie das Beste ist. Ich habe mich noch nie geirrt. Sie können sie in drei Stunden abholen. Goodbye, Sir.

III.

Mrs. Firestone kam unter die Trockenhaube. Der Kopf, mit eingerolltem, lockenwickler-gespicktem Haar dem eines Eingeborenenkriegers ähnlich, unter der Haube, die nackten Füße in einem Fußbad, um sie für die Pediküre aufzuweichen. »Heute gerösteter Kopf und überbrühte Füße«, sprudelte sie. Und als die Haube ihr in die Ohren dröhnte, kreischte sie die Bedienung an: »Liebste, würden Sie mir meine Tasche geben?«

»Wir können Sie hören, Mrs. Firestone«, sagte das Mädchen freundlich, den Mund dicht an ihrem Ohr. »Sie brauchen nicht zu schreien.«

»Die Haube ist schrecklich laut«, kreischte Mrs. Firestone. »Ich weiß selbst nicht, ob ich schreie oder flüstere.«

»Wir tun das mit Absicht«, erläuterte Mr. Pierre einer Dame, die er gerade frisierte. »Der Lärm und die damit verbundene Isolierung tun den Nerven der Damen gut – und folglich auch ihrer Schönheit. Beides entspannt. Einige haben mir erzählt, sie hörten Musik im Dröhnen der Haube; andere werden ohnmächtig. Natürlich – wenn sie es so überschreien, nützt es nichts. Die Fingernägel, Mrs. Dirtworth – möchten Sie Blütenfroh oder Seelenrosa?«

»Liebste«, kreischte Mrs. Firestone, »ich verbrenne! Können Sie das Ding nicht etwas weniger heiß einstellen? Wissen Sie – eine Freundin von mir machte sich eine Dauerwelle, die Trockenhaube war zu heiß, und stellen Sie sich vor, hinterher fiel ihr das ganze Haar aus.« Mrs. Firestone schnippte mit den Fingern. »Die Wickler fielen einfach ab, mit dem versengten Haar. Man stelle sich das vor! Sie ist buchstäblich daran gestorben.«

Mr. Pierre ging hinüber und lüftete die Haube so weit, daß Mrs. Firestone ihn hören konnte.

»Bitte, Mrs. Firestone, Sie sollten nicht so laut sprechen. Es schadet Ihnen und stört die anderen Damen.«

Es tat Mrs. Firestone wohl, von ihm ausgescholten zu werden. Sie umschlang ihn mit schmelzenden, schmachtenden Blicken.

»Übrigens«, fügte er – gewissermaßen zur Belohnung – hinzu, »ich versprach, Ihnen eine Von-Barbar-Maske zu zeigen; ich mache gerade eine. Dort drüben; Sie können sehen, wie alles vonstatten geht.«

Er kehrte zu Vera zurück. Ein halbes Dutzend Mädchen war damit beschäftigt, Flüssigkeiten und Essenzen, Bunsenbrenner und Injektionsnadeln zu ordnen. Sie arbeiteten schweigend, feierlich wie bei einem Ritual – wie Kellner, die Crêpes Suzette zubereiten.

Mr. Pierre streifte die Ärmel hoch und verkündete, daß alle es hören konnten:

»Sehen Sie, es ist einfach so: wenn man das Von-Barbar-Präparat auf die Haut bringt – vertrocknete Haut, verdorbene, unreine Haut, alte, faltige Haut, Fettgewebe –, dann stirbt sie ab. Sie stirbt ganz einfach ab – völlig schmerzlos. Die Dame hier ist jung; sie braucht nicht viel. Wir können mit einer Applikation zwei Zentimeter in die Tiefe gehen; manche brauchen mehr. Dann muß die Behandlung nach ein paar Tagen wiederholt werden; in der Zwischenzeit können Sie unsere Kundinnen auf der Straße und sogar bei Parties treffen, fingerdick mit totem Fleisch bedeckt. Oder Männer, am sonnigen Strand, mit stumm murmelnden, toten Lippen. Es ist nichts dabei. Die meisten von ihnen sehen vor der Behandlung, die – richtig durchgeführt – nur existentielle Tatsachen bestätigt, nicht weniger tot aus.«

Unter Mr. Pierres wachsamer Aufsicht glühten die Mädchen Instrumente aus, mischten knisternde, dampfende Flüssigkeiten, löschten aufzüngelnde Flammen, kühlten das fertige Präparat mit Fächern und verteilten es vorsichtig auf Veras Gesicht, Hals, Arme, Beine, Hüften und Bauch. Ihre ohnehin schlaffe, gelbliche Haut wurde noch schlaffer, noch gelblicher.

»Hierauf«, fuhr Mr. Pierre mit seiner Erläuterung fort, »bringen wir sie ins Deutsche Bad, und das ganze Zeug löst sich ab – wie die vertrockneten Außenschalen einer Zwiebel, bis der frische, saftige Kern zum Vorschein kommt. Auf diese Art kann eine Dame in zwei Stunden zwanzig Pfund überflüssigen Fettgewebes, unreiner Haut und verbrauchten Haars loswerden. Sie ist rank und schlank, wenn sie sich aus dem Deutschen Bad erhebt, wenn auch ein wenig kleiner; und ganz jung.«

Einige Damen, unter Trockenhauben, über Maniküretischen, riefen aus:

»Ja, ja – es ist wie ein Wunder.«

»Das sollte man meinen«, sagte Mr. Pierre, massierte Veras welke Wangen, die Haut noch tiefer abtötend, mit dem Daumen und betrachtete dabei seine eigenen Augen im Spiegel.

»Das sollte man meinen. Außerdem gebe ich Ihnen ein Merkblatt, jeder Dame ein individuelles Merkblatt, das ihr sagt, was sie tun muß, um zu bleiben, wie sie ist, und wie sie die Fehler vermeidet, die sie zu dem machten, was

65

sie war. Aber es ist kaum zu glauben: sobald sie den Raum verlassen haben, stürzen sie förmlich in ihr altes Selbst zurück. Unglaublich, wie schnell sie es schaffen, wieder alt und häßlich auszusehen. Dabei schmälert der Prozeß den Kern; es geht an die Substanz, wenn man so schnell verblüht. Und man darf die Behandlung nicht öfter als zwei- oder dreimal wiederholen; sonst spült das Deutsche Bad schließlich alles fort, was eine Dame ausmacht. Ich empfehle es deshalb auch nur in ganz besonderen Fällen: eine späte, unansehnliche Debütantin, eine entlassene leitende Angestellte, eine Witwe, die mit ihrem Leben von vorn anfangen muß – will sagen, wenn es nicht nur eine Sache von ein paar Zentimetern ist ... Wie geht's, Mrs. Evergreen? Würden Sie bitte hier herüberkommen? Nehmen Sie doch Platz, Mr. Frédéric ist sofort bei Ihnen. Sie bekommen heute ihr drittes Shampoo? Ihr Ausdruck hat an Tiefe gewonnen. Hat Ihr Gatte es nicht auch schon festgestellt? Nun – glückliche Reise!«

»Was tun Sie eigentlich, daß Ihnen die Gasrechnung nicht über den Kopf wächst?« röhrte eine Dame unter der Trockenhaube hervor; dann wandte sie sich dem manikürenden Mädchen zu. »Geben Sie nur acht«, sagte sie, »daß Sie mir nicht den Finger abschneiden.«

»Ich nehme nur zwei Brenner, niemals drei«, kreischte die Dame unter der benachbarten Haube. »Und ich backe selten. Im Topf auf der Flamme geschmort, kommt es billiger.«

»Außerdem, wissen Sie – jedesmal, wenn sich jemand selbst in der Küche vergast, macht es sich auf der Rechnung bemerkbar; abscheulich! – Au! Habe ich es nicht gesagt? Jetzt haben Sie ihn mir doch abgehackt ...«

In diesem Augenblick öffnete sich die Tür, und der Mann kam zurück. Auf den Armen trug er das Kleid vor sich, wie ein schlafendes Schneewittchen. Um nicht zu stören, ging er auf Zehenspitzen. Seine Wangen waren gerötet, sein Kinn kalkweiß, seine Stirn mit Schweißtropfen bedeckt; die Augen glänzten feucht, jede Geste spannte sich in tiefer Erregung. Er ging geradewegs auf den Stuhl zu, auf dem er das Mädchen zurückgelassen hatte. Einen Moment lang starrte er sie an, dann an ihr vorbei, und fragte schließlich: »Wo ist Vera? Ist sie fertig?«

Sieben Mädchen, im Halbkreis über dem ausgestreckten Körper beschäftigt, hoben die lockigen Köpfe. Sie wirkten wie ein großer Heiligenschein aus Engelsgesichtern, der die Liegende umgab; ihre Kittel verschwammen vor seinen feuchtglänzenden Augen zu einer einzigen weißen Fläche. Sie zuckten die Achseln; es sah aus wie eine Woge, die den Halbkreis durchlief.

»Mr. Pierre hat Sie darauf aufmerksam gemacht«, sagte die erste.

»Daß es ungefähr drei Stunden dauern würde«, sagte die zweite.

»Sie ist noch nicht fertig«, sagte die dritte.

»Es kann noch eine Stunde dauern«, sagte die vierte.

»Wo ist sie?« unterbrach er völlig fassungslos.

Sie senkten die Blicke. Sie senkten die blonden Locken, bis sie einen Kranz großer Sonnenblumen um Veras Kopf bildeten. Er tat ihnen leid.

»Hier ist sie«, sagten die fünfte, sechste und siebente – leise, fast flüsternd.

Der Anblick war gräßlich. Die Von-Barbar-Maske mußte den Höhepunkt ihrer Wirkung erreicht haben;

Vera wirkte ganz und gar tot – ein Eindruck, verstärkt noch durch das gespenstisch blaßgrüne Licht, mit dem eine zu ihren Füßen aufgestellte Reflektorlampe sie übergoß. Ihre Augen, gelbwässerig gebleicht und durch kleine Pflöcke weit offengehalten, starrten verglast in das milchige Licht. Ihr Haar umfloß sie wie ein nasser Fetzen, ein bösartig dunkles Kupferrot; Tropfen der gleichen Farbe rannen ihr unbekümmert über Stirn und Wangen. Ihre Arme waren ausgebreitet, ihre Hände mit Handschellen an den Armlehnen des Zahnarztstuhls befestigt. Rück- und Armlehnen waren so gesenkt, daß der Stuhl ein kreuzförmiges Bett bildete.

Der Sonnenblumenkranz wich auseinander; die schwarze Gestalt Mr. Pierres schob sich dazwischen, beugte sich über ihren Kopf. Ein Lächeln versuchte sich unter der schweren, toten Schicht zu regen, gelangte jedoch nicht ganz bis zur Oberfläche. Ihr verschwommener Blick sammelte sich zu einem goldenen Strahl, der sich voller Liebe, voll Verlangen in seine Augen senkte. »Und wie geht es der kleinen Dame?« fragte er mit sanftem Lächeln. Dann griff er zu einem Spatel, stieß ihn ihr in die Seite, drehte ihn, zerriß abgestorbenes Fleisch. Es kam kein Blut. »Ich glaube, wir sind fertig«, sagte er, seine Stimme klang befriedigt.

Der Mann ließ beinahe das Kleid fallen. »Ve… – Ve…« stammelte er verwirrt. Dann hob er das Kleid mit beiden Händen; es wirkte seltsam lebendig im blaßgrünen Licht. Er preßte es an die Brust, umarmte es schützend, leidenschaftlich, und stürzte ohne ein weiteres Wort hinaus.

Vera war rank und schlank, als sie aus dem Deutschen Bad kam. Mr. Pierre kämmte ihr Haar, schob es mit einer eleganten Handbewegung hoch und fragte, über ihren Kopf hinweg sein eigenes Spiegelbild musternd: »Sind wir zufrieden, kleine Dame? Morgen bekommen wir unseren ersten Unterricht in individuellem Make-up. Und morgen werden wir eine bessere Haltung und korrekteres Benehmen lernen. Und morgen werden wir aufhören, so oft mit unserem kleinen Kopf zu nicken. Und morgen ...«

Damen kamen, Damen gingen. Vera wartete. Sie sah Shampoos und Masken und Bäder, gewöhnte sich an sie und wartete. Sie hörte viel grobschlächtiges Gerede von Stuhl zu Stuhl: soviel Unglück, Verbrechen, Betrug, Bedrängnis. Und sie wartete.

Die elegante Empfangsdame in dem stahlblauen Kostüm mit passendem Tuch rief ihr zu: »Sieh nur, wie reizend wir jetzt aussehen!« Und dann: »Liebste, Ihr Rock ist Ihnen jetzt viel zu weit. Wir könnten ihn richten, wenn Sie schon hier warten.«

Ultima erhob sich aus dem Zahnarztstuhl. Sie nahmen ihr den Kittel ab, bürsteten ihr den leuchtenden Hals, die Schultern. Sie streiften ihr das Kleid über, reichten ihr die Tasche, staubbürstend, wischend, an die Vervollkommnung ihres Werkes letzte Hand legend.

Die Dame in Altrot winkte Vera zu sich und gab ihr einen weißen Kittel. »Legen Sie ab. Liebste, und ziehen Sie das über; dann können Sie Ihre Sachen besser richten.« Und sie schloß den Kittel geschickt mit einem passenden Gürtel, einer reizvollen Nadel.

Die Mädchen bestreuten den Fußboden mit Sägemehl und begannen zu fegen. Sie besprühten die Spiegel mit einem Putzmittel, staubten die Stühle ab, sterilisierten die

Kämme, räumten die Lockenwickler fort, hängten Handtücher auf, verschlossen den Safe.

Die elegante Dame in dem weißen Kittel mit der hübschen Nadel, dazu passendem Armreif und der Kornblume in der Haarspange trat zu Vera. Sie sahen jetzt aus wie Schwestern – nur daß Vera um eine Spur leichter, neuer wirkte. »Liebste«, sagte die Dame und lächelte ihr vollkommenes Lächen, »Liebste – wollen Sie uns nicht ein wenig zur Hand gehen, wenn Sie schon hier warten?«

II

Das andere Delphi

Howard saß spreizbeinig auf der Fensterbank, entschlossen, sich nicht vom Fleck zu rühren. An einem Vierten Juli, am Nationalfeiertag – nie! Er saß spreizbeinig auf der Fensterbank, genau um Mittag, das eine nackte, haarige Bein im Blumenkasten, in dem Basilikum, Rosmarin und Minze grünten, das andere in einer Wanne mit kaltem Wasser auf den Karteikästen. Drinnen war es stickig wie draußen; Schweiß tropfte von seiner Brust, von seiner niedrigen Stirn. Seine Handrücken waren feucht, er trocknete die dicken Finger, indem er mit seinem Bart spielte, seine Brille war so beschlagen, daß er sie auf die kindliche Nasenspitze herunterschieben mußte, um über die Gläser hinwegzuspähen – über die Blumenkästen und den Gartenzaun hinweg auf die Straße und die dreifache Wagenschlange, aufgehalten von Volksmengen, die sich, die Straße kreuzend, quer hindurchdrängten und ostwärts, westwärts, so weit er sehen konnte, die Straße verstopften. Irgendwo mußte etwas geschehen sein, niemand kam von der Stelle, die Leute kletterten auf die Wagendächer, um etwas weniger vergiftete Luft zu atmen, um zu sehen, was eigentlich los wäre – oder sie stiegen nur aus, rauchten eine Zigarette, unterhielten sich und schimpften. Dann schwoll zielloses Hupen; dann gab man das Hupen wieder auf. Und noch immer kein Weiterkommen. Keine zehn Pferde hätten Howard auf die Straße gebracht. Nicht für eine Million Dollars hätte er sich vom Fleck gerührt. Bis der Feiertag zu Ende war, prophezeiten die Zeitungen, würde es 384 Tote geben – Opfer dieses irren Verkehrs. Howard würde ganz sicher nicht zu ihnen gehören. Es würden fünf weniger sein als im vergangenen Jahr, siebenundzwanzig mehr als am Tag der Arbeit. Im vergangenen Jahr hatte sich die Vorhersage mit erstaunlicher Präzision bewahrheitet. Und in den anderen Jahren. Howard sah die Linie vor sich: ansteigend, mit gelinden, durch den Krieg bedingten Senkungen; Schicksal. Ob nun dem Vogelflug abgelauscht oder aus Diagrammen und Tabellen gefolgert – sinistres Wissen einer von Dämpfen narkotisierten Priesterschaft. Der Dreifuß der Pythia ragt im düsteren Delphi zahlloser statistischer Büros. Dergleichen erfüllte Howard mit Ehrfurcht. Auch die Tiere im Asyl – er zog Schlüsse aus ihrer Art, ihre Käfige abzuschreiten; nachdem er sie eingeschläfert hatte, schlitzte er sie auf, um die Weissagung ihrer Eingeweide zu erkunden. Er führte Buch darüber, wie viele in jedem Monat eingeliefert wurden – Hunde, Katzen, Vögel, Männchen, Weibchen – und sah das Gesetz erscheinen; jeder unerwünschte Wurf, jeder Hundefänger trug unwissentlich zur Erfüllugn des Gesetzes bei. Statistik. Alles war zur Hand, musterhaft geordnet in den Karteikästen unter der Wanne mit kaltem Wasser.

Dieser Vierte Juli war heißer als alle, die Howard je registriert hatte. Und er hatte viel registriert. Denn auch das Wetter war ein ungemein dankbares Objekt. Ein Barometer, ein Thermometer, endlose Diagramme bildeten den einzigen Wandschmuck seines Zimmers. Dazu Bevölkerungsstatistik: die zu jeder Jahreszeit geborenen Knaben und Mädchen. Weshalb wurden in Großstädten stets relativ mehr Mädchen geboren als auf dem Lande? Dazu Unfälle. Unfälle. Besonders an Feiertagen. Ein unerschöpfliches, überaus anregendes Gebiet. Doch es gab auch speziellere Fragen: zum Beispiel, wieviel Menschen pro Tausend mit einer Hasenscharte geboren wurden. Oder der Prozentsatz von Linkshändern unter den Jungen, die in die Besserungsanstalt von St. Charles kamen, und ihre Herkunft. Inländer, Ausländer und unbek. Unbek war eine Bezeichnung, die er liebte. Sie erinnerte ihn an die Postkarten. Das hinter sich zu bringen, war der Tag so geeignet wie jeder andere. Howard ergriff seinen Stock, schwang den gesunden Fuß über die Fensterbank, zog den schweren Klumpfuß aus der Wanne, sprang herab und hinkte zum Schreibtisch. Dann nahm er ein Päckchen von hundert Postkarten aus der linken oberen Schublade. Zweihundert waren bereits fertig. Heute hundert; weitere hundert am Tag der Arbeit. Dann war es Zeit, sie alle abzusenden. Auf diese Art ließ er dem Schicksal reichlich Zeit, sich zu erfüllen, bevor sein Gewebe plötzlich zerrissen wurde; zugleich ließ er auch der Priesterschaft Zeit, die Katastrophe zu registrieren.

Unter den vielen merkwürdigen Dingen, von denen Howard wußte, hatte ein ganz besonderer Gegenstand seine Aufmerksamkeit erregt und seinen Zorn geweckt. Behauptete da doch die Priesterschaft, seine Mitbürger im Stadtgebiet würfen pro Jahr 802 Postkarten unfrankiert in die Briefkästen – Ansichtskarten, die auswärtigen Freunden attraktive Winkel der Stadt vorführten, belanglose Mitteilungen. 802. 803. 801. Eine Konstante, ganz geringer Spielraum für Abweichungen nach oben und unten; so das Orakel. Und es erfüllte sich, jahrein, jahraus.

Howard wand sich. Er blieb am Vierten Juli zu Hause, schmollte, weigerte sich, dem Schicksal die Hand zu reichen – und wußte dennoch, daß er nichts tun konnte. Sein kleines, zerbrechliches Leben stand gegen das von Millionen. Er wußte es: morgen würden die Zeitungen die vorherbestimmte Nachricht bringen: 384 Verkehrsopfer. Und gegen die Kinder, die in diesem oder irgendeinem Jahr mit Hasenscharten geboren wurden, gegen die linkshändigen Jungen von St. Charles konnte er ebensowenig unternehmen. Nichts also. Nur bei den unfrankierten Postkarten lagen die Dinge anders. Da konnte er etwas tun; konnte die Priesterschaft der Statistik Lügen strafen, konnte einem blinden Schicksal, an das zu glauben er nicht langer gewillt war, seinen Verstand und seine Tatkraft entgegenstellen. Einsam, hinkend, innerlich gealtert, war er dennoch stärker als jene Göttin, die solchen Unsinn wie eine Konstante jährlich im Stadtgebiet unfrankiert eingeworfener Postkarten zum Gesetz erhob. Nicht nur sein eigener freier Wille, die Willensfreiheit als solche stand auf dem Spiel.

Nach seinen bisherigen Erfahrungen mit der Statistik mußte ein plötzlicher Anstieg um fünfzig Prozent wie eine Bombe einschlagen.

Armer Howard! Für jemanden, der allein war und weder Freunde noch Familie hatte, war es nicht einfach, vierhundert Postkarten zu schreiben. Die Postkarten mußten wie normale Postkarten aussehen, mit einer

Adresse und einer Mitteilung; anderfalls wurden sie möglicherweise gesondert klassifiziert, und alles war umsonst. Das Telefonbuch wollte er erst am Tag der Arbeit heranziehen, für die letzten hundert, wenn alle anderen Möglichkeiten erschöpft waren. Heute beschloß er, fünfzig Karten an sich selbst zu schreiben. Er bekam ohnehin nie Post, die Gelegenheit war günstig. Er unterschrieb die Karten mit den Namen verschiedener Personen aus seiner Kartei – alter Damen, Kinder, fahriger Familienväter, die irgendwann einmal unerwünschtes Getier ins Asyl gebracht hatten. Er ließ sich nun von ihnen schreiben, in unterschiedlicher Kalligraphie, mit Bleistift, in blau, grün und rot (Howard besaß einen dieser Kugelschreiber mit drei Farbpatronen); sie dankten für seine Hilfe und baten um Nachricht über ihre Exlieblinge. Dann nahm Howard ein zweites Päckchen von fünfzig Karten, einen anderen Federhalter, und dankte ihnen allen dafür, daß sie sich seiner erinnert hatten. Er leckte sich die vollen Lippen. Ein Hochgefühl beseelte ihn, Gottähnlichkeit. Für heute genügte es.

Die Wochen vergingen in grauer Einförmigkeit. Die Hitze ließ nach, Howard mußte seine Sporthemden gegen Pullover vertauschen, die wie jedes Jahr nach Mottenpulver rochen. Der Tag der Arbeit kam; er schrieb den letzten Stapel Postkarten, griff unter jedem Anfangsbuchstaben im Telefonbuch aufs Geratewohl vier Namen heraus und machte ihren Trägern gelangweilte, unverständliche oder obszöne Mitteilungen, wie sie ihm der betreffende Name gerade eingab. Dann verpackte er alle vierhundert Karten in zwei Kartons, machte seine Runde durch die Stadt und hinterließ in jedem Briefkasten, an dem er vorbeikam, ein bescheidenes Päckchen unfrankierter Karten. Als alles vollbracht war, war Howard erschöpft – weniger von der physischen Anstrengung, als von der Bedeutung der Sache selbst. Zitternd kam er zu Hause an; die nächsten Wochen verbrachte er in einem Zustand höchster Erregung.

Dann kam der Tag. Howard kaufte seine Morgenzeitung, als er ging, um Kaffee zu trinken; und noch am zugigen Stand, während man seinen Kaffee zubereitete, entdeckte er eine kleine Notiz auf Seite sieben. »Während der letzten zwölf Monate 802 Postkarten unfrankiert eingeworfen.« Er putzte seine Brille und las es noch einmal. Er trank seinen Kaffee, dann einen Kognak, und las es wieder und wieder. Er hinkte benommen nach Hause und las es nochmals. Doch es stand immer noch da. Howard sank auf den Stuhl am Telefon; mit zitternden Fingern suchte er die Nummer des Statistischen Amtes. Wer für diese Nachricht verantwortlich wäre? – Weil – nun, da müsse einfach ein Irrtum vorliegen. Oder eine Fehlangabe. Oder die gleiche Zahl würde Jahr für Jahr ungeprüft wiederholt. Es handle sich um einen Testfall. Er würde gern mit dem zuständigen Herrn sprechen. Seine Stimme bebte, in seinen Ohren dröhnte es derart, daß ihm das Kichern der Telefonistin am anderen Ende der Leitung entging. Wie bitte? Natürlich wäre es ihm recht. Zwischen elf und zwölf also würde er im Technologischen Institut, Stock 4 F, den Professor für Statistik aufsuchen.

Es war ein so herrlicher Herbsttag, wie man ihn in unseren Städten nur ein- oder zweimal im Jahr erlebt. Ein winziger, flacher Nebelstreif über dem Fluß, der die

scharfe Kontur der Häuser, der Bäume, der Berge nur um
so schärfer hervortreten läßt; unvorstellbare Frische der
Farben, der Luft. Jene Art Pracht, die den Heiteren noch
heiterer, die anderen dagegen noch trauriger werden
läßt, indem sie ihre Herzen der Unzulänglichkeit, der
Niedergeschlagenheit öffnet. Howard war zumute wie
dem König Ödipus vor dem Auftritt des Letzten Boten.
Und die Stufen, die zu dem riesigen griechischen Tempel-
bau des Technologischen Instituts hinaufführten, schienen endlos. Zuerst der gesunde Fuß, dann der Stock,
dann der kranke Fuß. Gesunder Fuß – Stock – kranker
Fuß; Fuß, Stock, Fuß, fußstockfuß – *valse macabre,*
erregt, gehetzt. Oben angekommen, blieb Howard stehen
und nahm den Hut ab, als gälte es, einen heiligen Ort zu
betreten – in Wirklichkeit nur, um sich den Schweiß von
der Stirn zu wischen. Drinnen verschiedene Hinweisschil-
der, dann der Abstieg zum Erdmittelpunkt. 4 F war das
vierte Untergeschoß – dunkel, endlos, Staub und Düsternis, Korridor um Korridor.

Der Professor erhob sich höflich; er war um zwei
Köpfe größer als Howard. Doch auch er trug einen Bart
und eine Brille, die er auf die Spitze seiner kleinen Nase
herunterschob, um seine weitsichtigen Augen auf den
Besucher zu richten. Howard sah, daß er eine Hasenscharte hatte und den Federhalter mit der Linken hielt.
Überall standen Karteikästen, denen Howards ähnlich,
nur viel größer und zahlreicher. Es war düster in dieser
Höhle und staubig.

»Bitte, Sir?«

Howard trug seinen Fall vor, so gelassen er konnte. Er
wies auf den Zeitungsausschnitt. »Dabei habe ich vier-

hundert persönlich eingeworfen. Ich selbst. Und wieder waren es 802!«

Der Professor ließ ein kleines, bellendes Lachen hören.

»Der Himmel segne Ihre Einfalt!«

Keine Bemerkung hätte in dieser teuflischen Umgebung beleidigender wirken können.

Dann ließ der Professor ein lautes Gelächter erdröhnen und hämmerte dazu mit der Faust auf den Tisch.

»Wissen Sie denn nicht – ja, wissen Sie denn nicht« – der nasale, kehlige Ton kam von der Hasenscharte; seine Augen lachten wie die aller Hasenschartigen, weil ihre Lippen nicht lachen können – »wissen Sie denn nicht, daß *jedes Jahr irgendein armer Narr versucht, die Statistik aus dem Gleichgewicht zu bringen?*«

Hätte König Laios nicht versucht, seinem Schicksal auszuweichen – es hätte sich vielleicht nicht erfüllt.

Als Howard mir diese Geschichte erzählte, hatte er die Stadt längst verlassen und war auf Reisen. Ostwärts; ich hörte später, er sei buddhistischer Mönch geworden.

DER MONGOLE

Die Ärmste«, sagte eine von ihnen, »wer hätte das gedacht?«

Sie saßen auf den Parkbänken und wandten der Straße den Rücken zu. Ein Ball rollte auf die Fahrbahn; einer der kleinen Lieblinge mußte gepackt und vor den heranjagenden Wagen zurückgerissen werden. Bremsenquietschen, Schelten, Geschrei, Schläge.

»Vielleicht war sie für ihr erstes Kind schon zu alt«, warf eine andere ein. »Sie muß über vierzig sein.«

Der Ball, groß und leuchtendbunt, rollte in eine Schlammpfütze; die makellos weißen Stiefelchen eines der kleinen Lieblinge, tippel tappel, gleich hinterher. Spritzer auf einem kleinen Luftanzug.

»Geld ist nicht alles«, sagte die erste.

»Wie meinen Sie?« Die andere kam zurück, hatte das Kind abgeklopft.

»Sie hat es nun einmal. Hoffentlich dauert es nicht lange. Gewöhnlich ist es bald zu Ende. Solche Kinder, wissen Sie – manchmal lernen sie nicht einmal essen.«

»Es heißt, er sähe wirklich wie ein kleiner Mongole aus. Und so winzig: ganze fünf Pfund Elend«, sagte sie mit einem Kinderlispeln. Einige von ihnen redeten genau wie ihre kleinen Lieblinge.

Zwei von den Wagemutigeren hatten den Rasen überquert und verschwanden gerade im gegenüberliegenden Gebüsch, von dem man wußte, daß es menschliche Exkremente barg; die Mütter mußten eilends hinterher, die hohen Absätze unsicher auf dem Rasen, um sie zurückzuholen.

Mädchen, die morgens ins Büro gingen, neideten ihnen die Ruhe und den Sonnenschein. Angenehme Beschäftigung, dachten sie. Doch die anderen, die Kindermädchen hatten – farbige Mädchen in gestärkten Kleidern auf den letzten beiden Bänken drunten am Zaun, weiße Mädchen, die sich ungezwungen zwischen den Müttern niederließen und ihnen Lektionen über Babypflege und Kinderpsychologie erteilten – oder jene, die wie Van Rintelens über einen eigenen Park mit einer hohen weißen Mauer verfügten, konnten auf das aufreibend mühevolle Dasein in dieser öffentlichen Anlage nur herabsehen.

»Die Ärmste«, sagte sie und musterte, den Fliegenschleier über dem Kinderwagen zurechtzupfend, selbstzufrieden den eigenen Nachwuchs. Die Einkäufe häuften sich in zwei großen Taschen am Fußende.

»Sie war schon während der ganzen Schwangerschaft so nervös; als hätte sie gewußt, daß etwas schiefgeht.«

»Aber«, widersprach eine andre – man wußte nicht recht, ob sie die Mutter oder die Großmutter des Kindes war, das sie schaukelte; es war ihr Nachkömmling – sie hatte schon zehn Jahre zuvor eins gehabt –, geboren beim Hornsignal, kurz vor Torschluß. Mrs. Van Rintelens Alter und Nervosität konnten sie nicht beeindrucken; ihr eigener Sprößling war, gleichen Bedingungen zum Trotz, völlig normal. »Sie ist schließlich selbst schuld«, sagte sie. »Sie konnte alle Ruhe und Pflege haben, die sie brauchte.

Und was hat sie gemacht? Bis zum siebenten Monat konnte man sie da drüben« – sie wies zum hinteren Teil des Parks hinüber – »reiten und springen sehen. Kein Wunder, wenn sie nicht bei Trost ist.«

»Ihre Schuld ist es nicht. Es liegt in der Familie.« Kindbettatmosphäre umgab die Sprecherin – jung, schulmädchenhaft, und jetzt eine Dame.

»Ihr Vater war Bluter, müssen Sie wissen. Er ist ziemlich alt geworden, aber sie haben allerhand mit ihm durchgemacht. Bismarck-Blut, wissen Sie – europäische Aristokratie. Einfach degeneriert. Und was Mr. Van Rintelen betrifft – man braucht ihn ja nur zu sehen …«

Filme. Preise. Dienstboten. Sex. Gesellschaftsklatsch. Kleider, Kochen. Das Wetter. Nochmals Sex. Und nun, seit sich die ersten Gerüchte über Mrs. Van Rintelens Schwangerschaft verbreitet hatten, dieser neue, pikante, unerschöpfliche Gesprächsstoff. Es war allen völlig überraschend gekommen. Die Damen auf den Bänken kannten sie nur vom Sehen: eine stämmige, maskuline Gestalt. Sie war mittelgroß, trug das Haar wie ein Mann, kleidete sich nur in Schneiderkostüme, in der kalten Jahreszeit grau und dunkelblau, im Sommer Leinen und Rohseide. Dazu steife, runde Hüte. Reitgerte mit Elfenbeingriff. Oder eine Peitsche und Reithosen, wenn sie zu ihren Pferden in den hinteren Teil des Parks ging. Stets umringt von ihren drei Jagdhunden oder gefolgt von ihrer Freundin Mrs. McGregor: lang, hager, bebrillt, die geschminkten Mundwinkel säuerlich verzogen.

Die Kindermädchen in ihren weißgestärkten Kleidern wußten noch mehr. Sie wußten, daß Mr. Van Rintelen, knochenlos wie die Seide, die er importierte, fast nie zu Hause war – Italien, Japan, Indien – und daß Mrs. Van Rintelen ihr eigenes Leben führte. Pferde, Jagd, die ›Töchter der Amerikanischen Revolution‹, Oberst und Mrs. McGregor, die Gesellschaft: europäische Industrielle, Aristokraten, ein paar gebändigte durchreisende Künstler. Als Mrs. Van Rintelen nach Jahren der Kinderlosigkeit schwanger wurde, waren alle überrascht. Die Tatsache selbst, die Begleitumstände, ihr Nervenzustand, der Mangel an Vernunft und Maß, mit dem sie darauf bestand, auch weiterhin Sport zu treiben und Geselligkeit zu pflegen, die tragische Entbindung – all dies war und blieb in aller Munde, während die Jahre vergingen, die älteren Mütter ihre Kinder zur Schule schickten und dem Park fernblieben, die schulmädchenhaften Kindbetterinnen gereifter wurden und blasse, matte, freundliche Neuankömmlinge mit ihren winzigen Lieblingen sie nach und nach ersetzten.

»Ein ganz ungewöhnlicher Fall«, dozierten die Kindermädchen. »Gewöhnlich sterben sie, bevor sie ein Jahr alt sind. Aber hier – man sehe sich das an! Sprechen und laufen kann er zwar nicht; aber was für ein hübscher, kräftiger kleiner Bursche!«

»Haben Sie ihn schon singen hören? Er singt wie ein Engel. Stundenlang. Opern, Symphonien, Konzerte – merkwürdig.«

»Haben Sie ihn gesehen – damals, als dieser Hund auf seine Kinderkarre zustürzte? Der arme kleine Kerl bekam es mit der Angst und sprang aus der Karre. Fast wäre er gelaufen – bevor er auf Hände und Knie fiel. Ich glaube, mit ein bißchen mehr Hilfe, als dieses halbblöde mexikanische Mädchen ihm geben kann, müßte er ohne weiteres laufen lernen können.«

»Vielleicht ist er doch kein Kretin. Nur – wie er aussieht! An dem Bismarck-Blut kann es nicht liegen.«

»Ob es vielleicht in Mr. Van Rintelens holländischer Familie Kolonialehen gegeben hat?«

»Mr. Van Rintelen sieht man es nicht an.«

»Da passieren die merkwürdigsten Dinge. Vielleicht ein Atavismus.«

»Der arme Kleine. Besser, er wäre nie geboren.«

Mrs. Van Rintelen nahm den Tee auf der verglasten Terrasse, von der man den schattigen, ummauerten Garten überblickte. An den Glaswänden rankten sich exotische Pflanzen in geräumigen Kübeln. Marina, die kleine Mexikanerin, mußte ihre langen Blätter mit Kaffeesahne polieren, bis sie glänzten. Auf dem afrikanischen Strohteppich reckten sich zierliche Bambusmöbel. Mrs. Van Rintelen schaute in ihre Teetasse, um Lynns Blick auszuweichen. Er hockte vor ihr, die kräftigen Hände über den Knien verschränkt. Marina, mittlerweile kleiner als Lynn, wartete ehrfürchtig an der Tür, bereit, jede befehlende Geste mit demütigem Nicken zu beantworten. Die weißen Kittel waren ihr immer zu groß.

Lynns Augen. Diese undurchdringlichen, durchdringenden Augen. Im Weißen fein rotgeädert und so glänzend – wie ständig von einem dünnen Tränenschleier bedeckt.

Während sich ihr Blick im Tee verlor, dessen Duft und Wärme sie einhüllten, dachte sie an vergangene Dinge.

Das Schneideratelier hatte einen dreiteiligen Spiegel in fluoreszierenden Lichtrahmen. In fluoreszierendem Licht sieht man immer abscheulich aus, und von hinten anders, als man dachte. Mrs. Van Rintelen war schon deprimiert, als die Schneiderin hereinkam und begann, die bisher nur geheftete Schulternaht aufzutrennen und neu abzustecken, eine Ewigkeit lang mit dem Sitz der Rückenlinie beschäftigt. Als die Schneiderin ging, schaute sie voll Widerwillen in den Spiegel: schlaffes, faltig-welkes, rötliches Fleisch, das zwischen dem Unterkleidausschnitt und den tief einschneidenden Trägern hervorquoll. Ein wenig verwachsen. Und die Spitzen ihrer kurzgeschnittenen Haare waren hinten grau.

Mrs. Van Rintelen überkam das quälende Gefühl, etwas versäumt zu haben. Etwas Wesentliches. Alles im Grunde. Sie begriff es in diesem Augenblick, und sie begriff es, wenn sie Mrs. McGregor ansah, deren geschminkter Mund sich immer säuerlicher verzog – ein zunehmender Farbkontrast zu ihren bleicher werdenden Wangen, auf denen sich eine Anzahl brauner Flecken abzeichnete. Mrs. McGregor hatte an Gewicht verloren, ihre Augen zuckten hinter den Brillengläsern. Freilich, Mrs. McGregor wußte es selbst und ging zum Psychotherapeuten. Doch das war ein Beispiel, dem Mrs. Van Rintelen nicht zu folgen vermochte. Ihr Antisemitismus, ihr Antiinellektualismus waren nicht zu brechen. Und folglich quälte das Gefühl sie auch weiterhin – besonders spürbar in Anwesenheit Mr. Van Rintelens, der gottlob nur selten zugegen war und dann von Ferngesprächen und Diktaphon beansprucht wurde. Doch diese Cocktailparties! Munter auf Kreppsohlen zwischen den Gästen umherhüpfend, redete er in senilem, wohlerzogenem Tonfall mit den Herren über die Lage in Europa, beugte sich mit seinem Babygesicht zu den Damen, bot selbstgemixte Drinks an; zwischen den Knöpfen seines weißen Seidenhemdes wurde seine Brust ferkelfleischig sichtbar: vermutlich redete er von ihr, nannte sie seine »kleine Frau« – sie war außer sich und brachte keinen Schluck mehr über die Lippen.

Es war höchste Zeit; das Hornsignal kurz vor Torschluß. Wenn sie noch etwas erleben wollte, mußte sie es schnell erleben. So war die Lage, als im Excelsior das neue Programm anlief; und mit ihm kam Jojo, der Hundedresseur.

Jojo führte seine sechs kleinen Hunde jeden Tag im Park spazieren. Es waren gewöhnlich aussehende Köter, aber sie benahmen sich recht gescheit. Sie trippelten alle in einer Reihe, einschwenkend wie ein Trupp Soldaten – der innerste trabte fast auf der Stelle, der äußerste beschleunigte seine Schritte, keiner geriet aus der Reihe. Auf der Wiese angekommen, rief Jojo ›hopp‹, ließ sie im Gras herumtollen und tollte mit ihnen. Der Charme eines Mannes erweist sich am unfehlbarsten im Umgang mit Kindern und Hunden. Wenn er mit anderen Frauen flirtet, hat man gewöhnlich keine Gelegenheit, ihn zu beobachten. Flirtet er mit einem selbst, ist man zu sehr beteiligt. Kinder und Hunde jedoch sind ein idealer Hintergrund.

Jojos Augen. Diese undurchdringlichen, durchdringenden Augen, im Weißen fein rotgeädert und so glänzend – oder war es ein dünner Tränenschleier, der ständig darüberlag? Der Blick, mit dem er die Hunde ansah, voll zärtlicher Überlegenheit, männlich und sanft zugleich. Sie spürte, wie sie schmolz; sie neidete den zottigen Schnauzen die Zärtlichkeit seiner kräftigen Finger. Hunde sind ein prächtiger Hintergrund für männlichen Charme und ein nicht minder prächtiger Anknüpfungspunkt für eine Unterhaltung. Spontan mengten sich ihre Hunde unter die seinen, auf der Wiese rennend und tollend, spontan gerieten sie ins Gespräch. Jojo war Filipino japanischer Abstammung. Er war klein und schlank in seinen engen Reithosen, unter denen sich seine wohlgeformten, ein wenig gekrümmten Beine abzeichneten, und die sich wölbten, wo man eigentlich nicht hinsehen soll. Sie fühlte, wie etwas in ihr zersprang, wie sich etwas in ihr dehnte, vom Magen aufwärts zum Herzen, und abwärts, dahin, wo man eigentlich nichts fühlen soll. Sein Blick wanderte von den Hunden zu ihr und setzte in Brand, was sich in ihr dehnte. Hitze schlug ihr in die Wangen, sie schwitzte unter dem Gürtel und empfand ein ungewohntes Gefühl von Leichtigkeit. Das Gespräch wechselte von Hunden zu Pferden. Die Unterlippe seines hübschen kleinen Mundes schob sich vor, rundete sich, zeigte beim Sprechen glitzernde Feuchte. Bevor sie recht begriff, waren seine Hunde wieder angetreten und trabten, fröhlich umstürmt von ihrer eigenen Meute, in Reih und Glied den Ställen zu. Die Zeit wirbelte weiter. Sie sah das Pferd steigen, sich bäumen; ein Steigbügel löste sich und fiel zu Boden. Sie erinnerte sich, daß sie Jojo zurief, er solle umkehren und den Sattel wechseln, bevor er sich mit dem jungen Hengst auf den Parcours wagte. Sie sah seine Zähne, weißlachend, als er statt dessen auch den zweiten Steigbügel löste, dem Pferd die Sporen gab und dann die ganze Bahn, Hürde für Hürde, ganz ohne Steigbügel nahm. Sie fühlte, wie er mit dem Pferd eins war, und lächelte im Vorgefühl der Festigkeit seiner muskulösen Beine. Der Drink, den sie ihm nach dem Ritt anbot, zündete in ihr. Sie schickte ihn zum Duschen und Umziehen in die Herrenkabine des Klubhauses, ging, die Tür offenlassend, in die Damenkabine, die der Herrenkabine gegenüberlag, und streckte sich auf dem Sofa aus. Keinen Skandal. Unter keinen Umständen einen Skandal. Doch wie sollte dies zu einem Skandal Anlaß geben? Es war niemand da – außer dem tauben alten Mann, der drunten die Pferde betreute: der dem Hengst gerade den Schweiß abstrich, die Beine wusch, eine Decke überwarf. Hätte sie es mit einem dieser Seidenmagnaten getan – der Gedanke allein! Der Klatsch würde Kreise ziehen, konzentrische, sich dehnende Kreise. Und der Skandal! Doch nicht mit diesem Mann. Redete er, so redete er in einer anderen Welt. Seine Kreise und die ihren berührten sich nicht. Er gehörte einer anderen Art an. Es war, als täte sie es mit einem ihrer Hunde, was sie manchmal für möglich gehalten, aber nie getan hatte.

Er hatte sich nicht einmal die Mühe gemacht, sein Hemd zuzuknöpfen und in die Hose zu stecken. Mit aufgeschlagenen Manschetten hing es an ihm herab und entblößte seine braune Brust. Mrs. Van Rintelen kreuzte die Arme über der Stirn, halb ihre Augen abschirmend, und wie um ihre nervös kalten Hände an dem Feuer zu wärmen, das gegen ihre Schläfen tobte. Jojo kam zum Sofa, setzte sich und fragte höflich: »Ist Ihnen nicht wohl?«

»Mir geht es gut – Lieber …«

Ihre Augen schlossen sich, sie faßte seine kräftigen Finger.

Die Flamme. Die Flamme erlosch in der Woge seines Kommens. Drei, vier, fünf Mal.

Mrs. Van Rintelen wurde blaß und mürrisch, als ihre Periode ausblieb. Zu spät, dachte sie. Mehr wollte sie nicht denken; an mehr zu denken, wäre unvernünftig gewesen, mit einundvierzig Jahren, nach fünfzehnjähriger, kinderloser Ehe. Drei Monate später mußte sie es einsehen. Mr. Van Rintelen war außer sich vor Freude. Er umhegte sie, er umsorgte sie; es überlief sie, wenn sie nur daran dachte. Ferkelfleischige Haut zwischen den Falten seines Hemdes, so oft er sich schützend über sie beugte. Sie stand umringt von Damen, die, Cocktails in den Händen, ihre Allergien austauschten.

»Bei Janet hat Purbenzin Wunder gewirkt wißt ihr ihr hättet sehen sollen in welcher Verfassung sie war sie bekam förmlich keine Luft mehr Marjorie hast du es mit Purbenzin versucht frag doch Dr. Edgecomb ist er nicht wunderbar …«

Ihr war tatsächlich übel, sie bekam keine Luft und wäre gern auf der Stelle gestorben; überdies kam Mr. Van Rintelen und forderte sie zärtlich auf, sich nicht zuviel zuzumuten, sich zu setzen, auszuruhen.

»Mein kleines Mädchen wird uns noch allesamt überraschen«, sagte er, den Kopf zwischen die Schultern gezogen; er sah aus wie ein widerwärtig kranker Kanarienvogel. »Noch fünf Monate, und mein kleines Mädchen hat eine Überraschung für uns alle …«

Es war nicht zu spät gewesen. Es war das Hornsignal zum Jüngsten Tag. *Ecco la fine del mio cammin.*

89

Und der Gerichtstag kam, mit Wolkenbrüchen und Donner, der elektrische Strom fiel aus, und der kleine Mongole erblickte das düstere Licht des Tages.

Alle Möglichkeiten hatte sie erwogen; sie vermischten sich im Ätherrausch und wurden schwerelos. Tod, süßer Tod. Das Seil schwang im Kreise; so oft es den Boden berührte, schlug ihr Herz. Das Seil kreiste langsamer, streckte sich, lockerte sich, und als es zu schwingen aufhörte, blieb ihr Herz stehen. Wahrheit, befreiende Wahrheit. Wo ist Jojo? Natürlich würde es ihm ähneln. Und die letzte, letzte Schwingung des Seils, das sich so weit streckte, das so langsam schwang, trug Mrs. Van Rintelen weit, weit davon. Entschiedenheit, gewiß, Finalität. Was sind wir Menschen doch für Narren! Es gibt Schlimmeres unter der Sonne. Bevorstehendes. Verdammnis ist nur das Vorspiel weiterer Verdammnis, ein Gespensterwald unendlicher Kulissen, Qual reiht sich an Qual.

Dr. Edgecomb. Dr. Edgecomb. Dr. Edgecomb. Auch Dr. Edgecomb am schwingenden Seil, weit, weit weg, dann von der anderen Seite zurückkommend. Shuttleworth-Syndrom – pathognomische Symptome – *lingua scrotalis* keine *lingua scrotalis* – ausgeprägte Brachyskelie – pränatale Blepharokonjunktivitis.

Das war das eine, das sie nie für möglich gehalten hatte. Sie brauchte fast eine Stunde, um sich der Tatsache bewußt zu werden. Sie sagten, er wäre ein mongoloider Idiot. Mr. Van Rintelen war so gut so sanft so zärtlich so schuldbewußt niedergeschlagen und scheinheilig. Sie haßte ihn mehr denn je.

Und Lynn. Aber Lynn. Anfangs haßte sie ihn. Aber wie konnte man Lynn hassen? Und dann haßte sie ihn wieder.

Doch was sie tat, wenn sie ihn haßte – sie fragte sich manchmal, ob sie es aus Haß tat, oder um ihn nicht zu verlieren. Niemand darf mit ihm reden, dann lernt er selbst nicht reden. Ein Glück, daß dieses stumme mexikanische Mädchen kam und eine Stellung brauchte; es zu engagieren, war nur menschlich. Von ihm konnte Lynn nicht sprechen lernen; er lernte nur die rauhen, unbeholfenen Kehllaute der Stummen. Außer ihr selbst durfte niemand mit ihm reden. Und Lynn klammerte sich mit den Pfoten an sie, seine Schnauze war feucht, er schaute sie mit flehenden schrägen Augen an. Er war ein Teil ihrer selbst, mit ihm zu reden war wie ein Selbstgespräch, nur besser. Doch als er ungefähr drei Jahre alt war, wurde er anders, ein Fremder, unabhängig, und sie haßte sein erwachendes Selbst. Als Mrs. McGregor einmal zum Tee herüberkam, brachte sie ein magnetisches Spielzeug mit: Mosaikteilchen in den wunderlichsten Farben und Formen; man konnte sie zusammensetzen, daß sie immer wieder neue Muster bildeten. Aber das schafft er doch nicht, sagte Mrs. Van Rintelen; er würde nie begreifen, was er damit machen soll. Wenn er sie nicht am Ende gar verschluckt! Und unter dem bettelnden Blick seiner schrägen Augen nahm sie das Spielzeug und ließ es für immer verschwinden.

Als er noch mehr er selbst wurde, gab sie ihm Phenobarbital und Schlimmeres. Er hätte Alpträume, erklärte sie Dr. Edgecomb. Er schlafwandelte – eine Gefahr für sich und andere. Solange es sich irgend vermeiden läßt, sagte sie, wollen wir ihn nicht in eine Anstalt geben. Halten Sie ihn ruhig, sagte sie. Und Dr. Edgecomb dachte: was kann es einem mongoloiden Idioten schon schaden; er verschrieb das Zeug, um ihn ruhig zu halten.

Was das Sprechen betraf, war er erschreckend zurückgeblieben; seine Stimme war rauh, ein wenig krächzend. Auch im Wachstum war er zurück, sein Knochenbau schwach. Eine typisch mongoloide Hand, sagte Dr. Edgecomb: gedrungen, übermäßig durchblutet, Daumen und kleiner Finger relativ kurz, der kleine Finger leicht zum Ringfinger geneigt. Seine Augen tränten, tränten oft. Vielleicht ist er wirklich ein mongoloider Idiot, dachte sie. Ihr Lynn ihr Lynn ihr Lynn. Arme Eltern, dachte Dr. Edgecomb, welch eine Ungerechtigkeit, welch eine Heimsuchung. So hochanständige Leute. Wirklich herzzerreißend, wie Mrs. Van Ringelen sich für den armen Idioten aufopfert. Und er verschrieb das Zeug.

Wie karg und ärmlich ist doch unsere Menschlichkeit. Jeder von uns ist nur er selbst, getragen vom breiten, wohlwollenden Strom der anderen vor ihm und um ihn. Allein dagegen – allein stirbt man. Unter Tieren ist man Tier. Die Zunge bleibt schwer; die Hand findet nicht die Freiheit, zu winken und zu deuten, das Hirn, ohne Wort, ohne Begriff, das arme Hirn bleibt träge und ungeformt – selbst das Werk von Jahrtausenden schrumpft wieder ins Formlose. Kaspar Hauser verkümmerte im Turm, stumm, halbblind, ein Maulwurf. Und die Kinder, die von der Wölfin gesäugt wurden, gründeten keine Städte – weit gefehlt; soweit wir wissen, krochen sie auf allen vieren, heulten mit den Wölfen, und unsere späten Versuche, Menschen aus ihnen zu machen, marterten ihre armen Schrumpfgehirne – sie starben. Kaspar Hauser war allein, immer allein, und den menschlichen Jungen der Wölfin leisteten Tiere, nur Tiere geringe Gesellschaft.

Aber ich darbte im Überfluß; unter Gescheiten wuchs ich als Schwachsinniger auf.

Stille umgab mich, eine Stille, so weiß wie die Schürze, die man mir umband. Alles war verschlossen. Die Gesichter der Damen und Herren verschlossen sich, wenn ich ihnen gezeigt wurde, und ihr Gespräch verebbte zu mitfühlendem Gewisper: mongoloider Idiot, mongoloider Idiot, mongoloider Idiot; sie strichen mir kalt, widerstrebend, unbeteiligt über den Kopf. Dennoch liebte ich sie.

Marinas Mund war fest verschlossen. Fest preßte sie die Kiefer zusammen. Ihr Mund wirkte wie beim Versuch eines Schreis erstarrt, ein stummes, ständiges Schreien. Ihre Augen schielten und blickten nach innen; sie saß nur da und saß. Schweigende Bäume, schweigender Rasen, schweigende weiße Wände, Tage, die in Nächte eintauchten – es gab keine Zeit. Nur Warten.

Dann kam Musik aus dem Radio in der Küche, leise; niemand wußte davon, doch mein Ohr war vom Schweigen geschärft. Und ich zerrte Marina hin, wärmte Zärtlichkeiten für sie auf, die Damen und Herren mir eingefroren serviert hatten, lockte sie mit ihren eigenen kleinen Kehllauten. Als sie meine Wärme fühlte, als sie begriff, löste sich ihr Mund, ihr kchkchkch klang fast wie ein kleines Lachen, ihr Blick fand den meinen und schien zu lächeln. Wir krochen auf allen vieren zum Küchenfenster – um die Wette: das war unser erstes Spiel.

Ich glaube nicht, daß die Musik ihr bedeuten konnte, was sie mir bedeutete. Ich glaube, sie hat nie laut geweint, sie tat nichts laut; folglich konnte sie auch nicht entdecken, daß man die Stimme, mit der man weint, benutzen kann, der Musik zu folgen; man nimmt die Musik in sich auf und kann sie nach Belieben wiederholen. Ich tat es, und mein Leben war verändert. Musik stürzte mich in Trauer, lähmende Trauer. Ich hockte auf dem Boden, starrte vor mich hin, in absurder Haltung, wie gebannt – so abwesend, daß ich mir nicht einmal die Tränen trocknete oder die Fliegen von meinem Gesicht verjagte, bis sie zu Ende war. Andere Musik versetzte mich in Ekstase, wirbelnd, fliegend, bis zur Erschöpfung. Andere Musik schenkte mir Frieden. Sie ließ mich Farben und Formen neu erkennen – ich mußte sie so ordnen, daß sie der Musik entsprachen. So sammelten wir Blumen und Kiesel, Zweige und Blätter, und ordneten die Muster, die ich hörte. Marina hörte die Muster nicht und wollte Farben und Formen so ordnen, daß sie falsch klangen; ich grunzte und hüpfte wie ein zorniger Affe, und das war unser erster Streit.

So wurde das Schweigen gebrochen, füllte sich die Leere. Meine Welt wurde wirklich, belebte sich mit Dingen und Relationen; die andere Welt, die meiner Mutter und gelegentlich meines Vaters, die Welt der Damen und Herren, die im Salon und auf der Terrasse ›mongoloider Idiot‹ wisperten, wich immer weiter zurück: eine Welt, in der man nicht man selbst sein konnte.

Einmal ertappte mich meine Mutter in meiner eigenen Welt; sie beobachtete die Freude und Ekstase meines Singens und Tanzens. Gleich darauf fand ich mich in ihrem Badezimmer wieder, mit ihr und dem Arzt, sie spritzten mir etwas ein, wovon ich weinen mußte, wovon ich müde wurde und dann so elend. Ich übergab mich, zitterte, meine Augen tränten. Und da geschah es, daß ich zum ersten Mal die Zuneigung meiner Mutter spürte. Sie schloß mich in die Arme, und ich bereicherte meinen menschlichen Wortschatz, der bisher nur aus ›mongoloider Idiot‹ bestanden hatte, um die Worte ›Lynn, Liebling‹. Sie murmelte noch anderes, ich verstand sie nicht; ihre Liebkosungen waren sanft und ungezwungen. Sie war lieb, so oft ich mich elend fühlte; folglich begann ich, Übelkeit zu simulieren, so oft sie in jener anderen Welt zu mir kam. In dieser Welt war auch Marina anders. Sie preßte die Kiefer zusammen, ihre Augen blickten nach innen; unter Menschen war sie unmenschlich allein.

Bald erfuhr ich von einer dritten Welt. Als der Garten kleiner wurde, bekam Marina eine Kinderkarre, um mich darin auszufahren – jenseits der weißen Mauern, im Park. Natürlich konnte ich längst laufen, aber sie setzten mich in die Karre, und es machte Spaß. Wir kamen an den Bänken vorüber, wo die kleinen Kinder spielten; die Unterhaltung der Mütter und Kindermädchen verebbte zu betrübtem Gewisper: mongoloider Idiot, mongoloider Idiot, mongoloider Idiot, wenn wir vorüberkamen und zu der Wiese fuhren, auf der die größeren Jungen Fußball spielten. Sie kümmerten sich nicht um uns, alles war verschlossen wie immer, ihr Lachen und Rufen brach das Schweigen der Bäume und Wiesen nicht. Ihr Spiel konnte die Leere nicht füllen. Marina tat, als sei dies nur ein Teil der zweiten Welt. Doch eines Tages war ein Junge dabei, etwas größer als ich, der genau so aussah wie ich. Sein glattes schwarzes Haar war wie das meine, die Farbe seiner Haut, der Schnitt seiner Augen. Ich rannte zu ihm, ergriff den Ball, warf ihn ihm zu, und als er nett zu mir war, sagte ich »Lynn, Liebling« – dann lachte er, und ich sagte »mongoloider Idiot«.

»Mongoloid, so ein Blödsinn!«, muß er erwidert haben, »bist du verrückt, oder was ist los?« Und er schüttelte mich. »Ich bin ein Chinesenjunge, klar?« Ich versuchte, mich aus seinem Griff zu befreien, und entdeckte beim Ringen mit ihm meine eigene Kraft und eine neue Freude. Ich stürzte mich auf ihn, obwohl er größer war als ich; ich stürzte mich auf die anderen Jungen, die ihm zu Hilfe kamen. Es war ein wilder Kampf, mit Fäusten und Füßen und Zähnen; schließlich hörten sie auf, weil sie sahen, daß mein Mund blutete. Doch sie sahen auch, daß ich nicht weinte. »Tapferer Junge«, sagten sie und forderten mich zum Mitspielen auf. Und ich entdeckte die dritte Welt – groß und faszinierend wie die erste. Ich lernte ›komm her‹, ›fang an‹, ›paß auf‹, und bald noch viel mehr. Mich bedrückte nur, daß Marina meine Freude und Begeisterung nicht teilte; still und verschlossen schien sie darauf zu beharren, diese dritte, offene Welt nur als einen Teil der verschlossenen zweiten zu betrachten.

Vielleicht war es die Ungeduld mit Marina, die mich zu dem Versuch verleitete, mir andere Zuhörer zu suchen und zwischen meinen verschiedenen Welten eine Verbindung herzustellen. Vergnügt und geradewegs stürmte ich auf die Terrasse, wo man den Tee nahm, und sagte: »Ich bin ein Chinesenjunge.« Doch die Tasse, die in der Hand meiner Mutter bebte, während ihre verzerrten Lippen ›armes, armes Kind‹ flüsterten, und der Strahl kaltgrünen Hasses aus ihren Augen lehrten mich, daß es zwischen der zweiten und der dritten Welt ebensowenig eine Verbindung gab wie zwischen der ersten und der zweiten oder der ersten und der dritten. Sie waren unwiderruflich voneinander getrennt, und in jeder mußte man anders sein. Zitternd duckte ich mich, ein Tränenschleier stieg mir in die Augen.

Aber die dritte Welt wuchs, in mir und um mich herum, und verdrängte die anderen. Der Garten, mein Garten wurde klein und eintönig; Marina wurde klein und blieb still wie das Weiß ihrer Schürze. Sie verstand mich nicht mehr, selbst im Garten blieb ihr Gesicht verschlossen. Vom Zauberstab der Zeit berührt, versank unsere Welt. Für Musik war ich nach wie vor empfänglich, sie rührte mich immer noch leichter zu Tränen als andere Dinge; aber es gab keine Ekstasen mehr, auch ihre Muster konnte ich nicht mehr sehen.

Auf der Terrasse, im Wohnzimmer wurde man sich der Tatsache bewußt, daß ich wie andere Menschen sprach und reagierte. Die Damen und Herren gewöhnten sich an mich, kamen mit mir in die dritte Welt. Meine Mutter blieb in der zweiten, versunkenen zurück, wie Marina in der ersten zurückgeblieben war. Und ihre Augen strahlten kaltgrünen Haß. Sie gaben mir einen Hauslehrer, einen freundlichen, hochgewachsenen Mann; mit vierzehn begann ich zu lernen, was andere mit sechs gelernt hatten. Für einen mongoloiden Idioten macht er sich ganz erstaunlich, sagten sie. Ich durfte in den hinteren Teil des Gartens, durfte auf den Pferden meiner Mutter reiten, und dort entdeckte ich meine vierte Welt. Sie zermalmte die dritte, offene Welt, verschloß mein Herz und erstickte meinen Schrei; noch wehrte ich mich dagegen, es ganz zu begreifen.

Ich ging hin, um mit dem neuen Springpferd meiner Mutter, einem jungen, verspielten Tier, die Hürden zu nehmen. Es bäumte sich, als ich in die Bahn ritt; einer meiner Steigbügel brach und fiel. Auch ich war jung und verspielt; ich fühlte mich so sicher im Sattel, daß ich auch den anderen Steigbügel löste und den ganzen Parcours ohne Steigbügel nahm. Wir beide, das Pferd und ich, fühlten uns prächtig und voller Kraft, als ich zu den Ställen zurückritt. Der alte Mann saß dort und sonnte sich auf einer Bank – der alte Mann, der früher die Pferde versorgt hatte. Seine mageren Hände kreuzten sich auf der Krücke des zwischen seinen Knien gegen den Boden gestemmten Stockes. Er rauchte eine lange Pfeife; von Zeit zu Zeit hob er die zitternde Hand, um die Pfeife aus dem zahnlosen Mund zu nehmen und auszuspucken. Sein Kopf rüttelte, sein Mund bewegte sich leer, bevor er sprach, seine Oberlippe flatterte unter schweren Atemzügen vor dem zahnlosen Gaumen wie die Kiemen eines atmenden Fisches. »Wmwmwmwm – ganz wie der Vater.« Er schüttelte den kahlen Kopf, seine roten Augen lachten aus der Vergangenheit. Ganz wie der Vater.

»Mein Vater reitet nie«, lachte ich seiner Taubheit entgegen. Allein der Gedanke, daß er einen Parcours ritte – mit oder ohne Steigbügel …

Er hob einen zittrigen Finger.

»Dieser Jap, den deine Mutter hierhergebracht hat, vor sechzehn Jahren – vielleicht hat sie ihn zu genau angesehen, he he he …« Das Rütteln seines Kopfes ließ nach, er verlor sich in sinnlosem Kichern.

Mein Lachen erstarb wie unter einem plötzlichen Stich, dem weitere Stiche folgten, rapide, fieberhaft. Ich weiß nicht mehr, was ich ihn noch fragte; ich weiß auch nicht, was er mir zur Antwort gab. Ich bin ein Chinesenjunge, ich bin ein Chinesenjunge, ich bin – mehr konnte, wollte ich nicht denken. Ich schwitzte, zitterte, meine Knie gaben nach, meine Augen tränten – und all das ließ mich an jene Medikamente denken. All das fügte sich zu einem Bild zusammen, wenn ich es mit meinen tränenverschleierten Augen auch nicht deutlich erkennen konnte – Müdigkeit, unwiderstehliche Müdigkeit überkam mich, entriß mich dem Schmerz, der mir die Brust zu sprengen drohte. Ich warf mich unter einen Baum und schlief, schlief wohl eine Ewigkeit. Als ich wieder aufwachte, hatte sich nichts geändert, nur meine Knie waren wieder fest, taten ihren Dienst, und alles war kalt und verschlossen. Es trieb mich ins Haus, in weißem Schweigen, hinauf ins Badezimmer meiner Mutter; es wußte in mir, daß sie dort diese Medikamente aufbewahrte. Mongoloid – so ein Blödsinn bist du verrückt oder was ist los ich bin ein Chinesenjunge und *das weißt du* ich werde es dir heimzahlen einmal zumindest sollst du erfahren wie es sich anfühlt – wenn du überhaupt fühlen kannst. Eine Menge leerer Medikamentenpackungen, und dann eine kleine Schachtel mit einem Totenkopf und gekreuzten Knochen darauf und zwei Tabletten darin. Ich nahm sie, es gelang mir, sie in den Tee fallen zu lassen, bevor meine Mutter auf die Terrasse kam; ich ließ mich nieder, beobachtete, wartete.

Lynn dachte nichts; er hockte da, wartete. Mrs. Van Rintelen dachte an vieles, an weit zurückliegende Dinge. Ihr Blick verlor sich im Tee, dessen Duft und Wärme sie einhüllten. Sie tat reichlich Zucker und Zitrone hinein, rührte mechanisch.

»Warm heute«, sagte Mr. Van Rintelen. »Was hast du gemacht, Kleiner? Du siehst müde aus. Hast du geweint, Lynn?«

»Ich bin geritten«, sagte Lynn.

»Du bist ein guter Reiter, Lynn«, sagte seine Mutter. Forcierter, falscher Ton. »Ich werde alt. Für mich ist das nichts mehr.«

»Aber du bist doch noch jung«, gurrte Mr. Van Rintelen. »Sie könnte deine Schwester sein, Lynn. Wie hübsch meine kleine Frau doch ist!«

»Den nächsten Silberpokal beim Jim Carney-Rennen müßtest du gewinnen, Lynn«, sagte Mrs. Van Rintelen. Dann setzte sie hinzu: »Wenigstens das kannst du …« In ihrer Stimme klang mehr Verachtung und Haß als Lob und Ermunterung.

»Vielleicht liegt es mir im Blut, Mutter«, knurrte Lynn.

»Was ist denn nun mit dir los, Kleiner?« sagte Mr. Van Rintelen. »Warum weinst du? So ein großer Junge!«

»Ich bin mit Stag über den Parcours gegangen«, sagte Lynn, »er macht sich gut.«

»Prachtpferd, Prachtjunge«, strahlte Mr. Van Rintelen.

»Über die ganze Bahn – ohne Steigbügel.«

Es kam keine Antwort.

»Ich verlor einen Bügel, hörst du, Mutter – und da nahm ich auch den anderen ab – Mutter, hörst du? – und ging ohne Steigbügel über die ganze Bahn. Hast du gehört, Mutter?«

Mrs. Van Rintelen nahm einen kleinen Schluck von dem vergifteten Tee und betupfte die kalten, fahlen Lippen mit der Serviette.

»Das ist Leichtsinn, Lynn, und nichts sonst. Ich glaube dir nicht.«

»Keine Aufregung, Lynn«, sagte Mr. Van Rintelen. »Du darfst dich nicht so verkrampfen, wenn du mit anderen Leuten redest. Du hast so prächtige Fortschritte gemacht; aber wenn du dich über nichts derart aufregst, sagen die Leute womöglich … Du bist ein guter und tüchtiger Reiter und du wirst dir einen Namen machen. Deine Mutter ist stolz auf dich. Ich bin es auch. Aber sei nicht leichtsinnig.«

»Nein, nein, ja ja, jo jo«, zischte Lynn. »Gehört, Mutter?«

»Sei nicht so albern, Lynn.«

»Der alte Mann hat mich gesehen – der alte Mann, der früher die Pferde versorgte.«

»Der Alte sieht nachgerade nicht mehr viel«, sagte Mrs. Van Rintelen.

»Dad, wie lange ist er schon bei uns, der alte Mann?«

»Ich glaube, so um die zwanzig Jahre, Lynn, Zwanzig Jahre. Wie die Zeit vergeht!«

»Hat eine Menge gesehen, der alte Mann.«

»Natürlich hat er eine Menge gesehen, Lynn«, sagte Mr. Van Rintelen. »Alle alten Leute haben eine Menge gesehen.«

»Das ist ja nicht auszuhalten«, ächzte Mrs. Van Rintelen.

»Er hat eine Menge gesehen, Mutter. Hörst du? Er hat wirklich eine Menge gesehen.«

»Lynn, es wird immer schlimmer mit dir«, zischte Mrs. Van Rintelen. »Du gehst mir auf die Nerven.«

»Hör zu, mein Junge«, sagte Mr. Van Rintelen jetzt einigermaßen streng. »Du sollst deine Mutter nicht ärgern. Deine gute, liebe Mutter. Du redest sinnloses Zeug. Darüber solltest du hinaus sein. Man könnte meinen, du entwickelst dich rückwärts. Was wiederholst du dauernd ›er hat eine Menge gesehen, er hat wirklich eine Menge gesehen‹? Deine Mutter ärgert sich darüber. Es tut ihr weh, wenn du dich benimmst – wie ein Idiot. Nimm dich zusammen, Lynn; du weißt recht gut, wie man sich benehmen muß.«

»Tut mir leid, Dad, tut mir leid. Du siehst schlecht aus, Mutter. Tut mir leid, daß ich dir den Tee vergiftet habe. Mit meiner Albernheit.«

»Gut, Lynn. Es ist gut. Ich weiß. Du weißt. Ich weiß. Und nun genug davon.«

»Was heißt das eigentlich, Dad – weißt du, bei diesen Mitteln, mit denen man Idioten ruhig hält –, was bedeutet es, wenn ein Totenkopf mit gekreuzten Knochen auf der Packung steht?«

»Du meinst Beruhigungsmittel, *Sedative*, Lynn«, sagte Mr. Van Rintelen, froh, daß sich die Unterhaltung einem anderen Thema zuwandte. »Aber die sind nie mit Totenköpfen markiert. Totenköpfe und gekreuzte Knochen bedeuten *Gift,* Lynn, tödliches Gift …«

»Tut mir leid, Mutter, tut mir leid, aber …«

Mrs. Van Rintelen stand hochaufgerichtet. Ihr rohseidenes Kostüm wirkte fast militärisch. Die Spannung, die von ihr ausging, lieh ihrem Gesicht eine Art vornehmer Schönheit – zum ersten Mal, zum letzten Mal. Eine

Bismarck. Ein General, der seinem Schicksal tapfer ins Auge blickt mit ererbter, anerzogener Haltung. Sie hob die Tasse. »Auf dein Wohl, Lynn«, sagte sie. Er riß den linken Arm vors Gesicht, als fürchtete er, sie würde ihn schlagen oder ihm den Tee ins Gesicht schütten. Doch sie leerte die Tasse und sank in den Sessel zurück. »Aber dieses Betragen leistest du dir nicht wieder, Lynn«, grollte sie. »Du kannst es dir nicht leisten, *du Idiot!*«

»Die Ärmste«, sagte eine von ihnen, »wer hätte das gedacht! – Hol deine Spielsachen, Liebling«, sagte sie, »es wird gleich regnen – sieh nur da drüben, pechschwarz; es blitzt schon.«

»Am nächsten Tag ist sie dann gestorben, drüben im Biltmore-Hospital. Sie haben ihr noch den Magen ausgepumpt, aber es half nichts. Sie war nicht mehr zu retten, nicht einmal da drüben.«

Schmutziges Papier raschelte, vom aufkommenden Sturm gejagt, über den Gehsteig.

»Sie fanden die leere Schachtel in Lynns Tasche. Gott – dieses Kind.«

»Es scheint, als hätte er die Sprache verloren. Während der Verhandlung sprach er kein Wort. Saß nur da und starrte ins Leere.«

»Sie hätten ihn in eine Anstalt geben sollen, bevor es zu spät war«, sagte die Ältere; man wußte nicht recht, ob sie die Mutter oder die Großmutter des Kindes war, das sie schaukelte. »Sich mit Schwachsinnigen abzugeben, ist immer gefährlich.«

»Aber es war doch schon besser geworden mit ihm«, widersprach die andere, die mit dem Kinderlispeln.

Einige von ihnen redeten genau wie ihre kleinen Lieblinge.

»Die Pubertät ist ein gefährlicher Moment, für den gesunden Organismus wie für den kranken«, erklärte die schulmädchenhaft Schlaffe, »und ein mongoloider Idiot bleibt ein mongoloider Idiot. Kriminalität und Schwachsinn liegen nahe beieinander.«

Die ersten schweren Tropfen fielen. Sie klappten die Verdecke der Kinderwagen hoch, verstauten ihr Strickzeug und knöpften die größeren Lieblinge in Regenmäntel.

»Der Anwalt hat natürlich auf Unzurechnungsfähigkeit plädiert, und sie haben ihn in die staatliche Anstalt gesteckt. Ich frage mich, ob er da jemals wieder herauskommt.«

Sie räumten dem Regen, dem Sturm, dem Donner das Feld. »Und dabei hat Mrs. Van Rintelen sich so aufgeopfert«, sagte sie.

UND WIEDER

Es ist unsozial, so krank auszusehen. Seine Stirn, seine Schläfen waren fast so weiß wie der Rasierschaum auf Wangen und Kinn. Seine eingesunkenen Augen leuchteten groß und schwarz und schmerzlich, umgeben von dunklen Ringen. Sein feuchtes, wirres Haar, streifig schwarz; die Knabenbrust weiß und eingesunken. Schwarz und weiß: Halbton. Halbtot. Es geht bergab mit mir. Aber so elend auszusehen, zeugt nicht von Nächstenliebe. Eine Art Exhibitionismus. Wie mir zumute ist, geht niemanden etwas an. Reiß dich zusammen, alter Junge; du mußt. Neuanfang. Halbschlaf. Doch dann, während er sich sorgfältig rasierte, sorgfältig vermied, sich zu schneiden, fielen ihm Augenblicke des Halbschlafs ein, Augenblicke beginnenden Alptraums: das Boot glitt auf das sonnige Meer hinaus. Wie wunderbar scharf sich die marmornen Berge von dem grünen Nadelwaldstreifen abheben; der grüne Nadelwaldstreifen ruht auf einer Häuserreihe – Häuser, die erglühend die letzten Strahlen der gekenterten Sonne einfangen, ihr Lebenslicht einsaugen, stärker, seltsamer erglühend, bis es bläulich verblaßt –, und die Häuserreihe hebt sich über einem safrangelben Strandstreifen in weiter Ferne. Er stürzt sich unbeschwert in die Wasserhochzeit, öffnet dem salzigen Kuß die Lippen. Joan rudert, rudert das Boot langsam zur

fernen Küste zurück. Zuversichtlich folgt er ihr, bedacht-
sam crawlend. Und plötzlich ist das Boot nicht mehr da.
Verschwunden; und er allein, mitten im grenzenlosen,
plötzlich feindseligen Meer. *Halt!* So war es nicht gemeint. Noch schlafe ich nicht. In dieser Welt herrsche ich
über das Wasser. Er wälzt sich von der linken Seite auf die
rechte. Es heißt, das Herz schlägt freier, wenn man auf
der rechten Seite schläft. Dennoch – es war ein herrliches
Bild zum Einschlafen: ich will es nochmals träumen und
hinter dem Boot herschwimmen. Marmorne Berge, schat-
tiger Nadelwald, Häuser, Strand. Tauchen – das sanfte
Wasser um ihn, in ihm. Doch im hinterhältigen Moment
des Übergangs vom Halbschlaf zum Schlaf verschwindet
das Boot abermals. Atemlos vom Kissen auffahrend, ret-
tete er sich im letzten Moment vor den hereinbrechenden
Wogen und Qualen. Schwachsinnig.

Er rasierte sich fertig, betupfte die Haut mit Rosen-
essenz, warf einen letzten verlorenen Blick auf das Milch-
gesicht im Spiegel und trat unter die Brause. Spitze Heiß-
wasserstrahlen treffen stechend auf Hals und Schultern,
stumpfen sich ab, vereinen sich, rinnen ihm sanft über
den Rücken, sammeln sich in der Wanne, steigen ihm
sanft bis zu den Knöcheln. Dann drehte er den Regler
langsam und vorsätzlich von heiß über kalt auf eiskalt,
ertrug den Schmerz, der dem Prasseln des Hagels auf
nackte Glieder gleichen mochte, erst die eine, dann die
andere erschauernde Schulter hinhaltend, dann die gerö-
tete Brust, den zähneklappernd zurückgeworfenen Kopf;
endlich das wirre Haar; die Kälte strömte über geschlos-
sene Augen und Hinterkopf, über betäubte Arme und
Beine und stieg kniehoch in der Wanne. Ha! Sieh da – ich

kann, wenn ich will. Er drehte das Wasser ab, strich das Haar zurück und rieb sich die Augen, als erwachte er erst jetzt; dann verließ er das Badezimmer.

Joan saß im Sessel am Fenster – eine frische Bluse, geblümter Rock, Ballettsliper, makelloses Make-up: Nagellack, Lippenstift, Wimperntusche, Tagescreme, Puder. Sie strickte etwas in verschiedenen Rosatönen und las gleichzeitig in einem großen Buch, das aufgeschlagen auf der rechten Sessellehne lag. Gleichzeitig gab sie auf die kleine Annie acht, die auf dem Fußboden – mehrfarbiges Linoleum – mit einem Zug aus Plastikenten spielte.

»Hallo, Annie«, sagte er eintretend, knotete den Gürtel seines Morgenmantels und wischte ein paar Wassertropfen, die noch immer aus seinem glattgebürsteten Haar rannen, mit dem Handrücken vom Pyjamakragen.

»Oh, Daddy – bitte, tritt nicht auf meine Enten«, sagte Annie.

»Sonst beißen sie dich«, sagte Joan. Sie hatte ihr Strickzeug sinken lassen, die Hände an die Schläfen gehoben, um – weiß der Himmel, warum – ein paar lange Ohren oder Hörner anzudeuten, und hüpfte auf dem Sessel. Schlechthin albern.

»Was sagt Gesell zu Zügen aus Plastikenten?« fragte Stephen.

»Ach, Stephen«, sagte sie und schlug das Buch zu.

Sie stand auf und richtete mit einer sanften, kosenden Handbewegung ihre Dauerwelle.

Nur ein Frühstücksgedeck – Plastikset, Plastikteller, Plastikbecher, Papierserviette (offensichtlich hatte Joan gefrühstückt, ohne auf ihn zu warten), und mitten auf dem Tisch eine große Vase mit künstlichen Blumen:

Rosen, Nelken und Kornblumen, umgeben von künstlichem Herbstlaub. Wo in aller Welt kamen diese Scheußlichkeiten her?

»Maud hat sie mir geschenkt. Ich finde sie hübsch. Sie hat sie selbst gemacht. Sie macht Nelken aus Papierservietten, nicht, Annie?«

Annie lutschte am Daumen und sagte nichts.

»Lieber Gott, Joan, das Zimmer sieht jetzt genau so aus wie die Linoleumreklame, die wir letzte Woche im Kino gesehen haben ...«

»Die fand ich hübsch. Einmal anders. Ich bin mit den neuen Farbrollern über die Wände gegangen. Das ist ganz einfach – Annie könnte es auch, wenn sie nur ein bißchen größer wäre. Sieht es nicht gut aus?«

Hinter ihm eine ziegelrote Wand, zur Linken flankiert von Rosa, zur Rechten von Gelb, eine blaue Wand ihm gegenüber, dazu eine graue Zimmerdecke über dem bunten Linoleumfußboden – es erregte ihm Übelkeit.

»Mag sein. – Wenn es dir gefällt ...«

Daß sie in spätestens einer Woche anfangen würde, das Zimmer wieder anders herzurichten, war der einzige tröstliche Gedanke.

Joan brachte ein Tablett mit Orangensaft, Kaffee und heißen Pfannkuchen aus der Küche, stellte es vor ihm auf den Tisch und setzte sich zu ihm.

»Ich hoffe nur, J. D. nimmt den Artikel«, sagte Stephen.

»Welchen Artikel?«

»Ach, den Artikel, von dem ich dir gestern erzählte – von diesem Brenner, über Sonnenflecken. Erinnerst du dich?«

»Was war das noch?« fragte sie und richtete ihre Dauerwelle.

»Eine fabelhafte Sache – fast eine neue Art von Astrologie, auf streng wissenschaftlicher Basis.« Er redete voller Begeisterung und verzehrte dabei seinen Pfannkuchen. »Weißt du, man hat die Wirkung von Sonnenflecken auf den menschlichen Körper getestet – in Hunderttausenden von Fällen. Und nun fängt man an, in einer Reihe von Wetterstationen auf der ganzen Welt Spezialabteilungen einzurichten, die Art und Dauer der Sonnenflecken und ihre Auswirkung auf den Menschen genau vorhersagen können. Sie wollen tägliche Bulletins herausgeben, in denen Leuten mit zu niedrigem Blutdruck geraten wird, sich unter gewissen Fleckenkonstellationen nicht operieren zu lassen; Blondhaarigen, an gewissen Tagen nichts Entscheidendes zu unternehmen; alten Leuten, während gewisser Stunden den Straßenverkehr zu meiden – an vielen Verkehrsunfällen ist nur eine bestimmte Art von Sonnenflecken schuld; das Ganze ist so etwas wie Tom O'Brians Spalte ›Deine Sterne‹ in der *Daily News*, nur auf wissenschaftlicher Basis. Großartig, nicht?«

Joan rieb sich die Haut hinter den Ohren ab und rollte die Krümel zwischen den Fingern. Wenn sie doch endlich einmal aufhören wollte, ihr Haar zu befingern, sich Haut abzureiben, an den Nägeln zu kauen, den dünnen Flaum auf ihren Armen zu zwirbeln, ihre Augenwinkel zu säubern, die Pickel an ihrem Kinn auszudrücken, irgendwo ein wenig Schorf abzukratzen, Schuppen rieseln zu lassen, sich an ihrer Nase, ihren Ohren zu schaffen zu machen ...

»Hochinteressant«, sagte sie bemüht höflich. Er hätte ebensogut gegen die leere Wand reden können.

Er zündete sich eine Zigarette an und begann, den Frühstückstisch abzuräumen.

»Hör zu, Joany«, sagte er sanft, »wir sind nun wieder beisammen« – er trat hinter ihren Stuhl – »und Dana ist fort, alles ist in Ordnung, der Prozeß ist gewonnen, wir sind frei ...«

Er legte ihr beide Hände auf die Schultern.

»Warum versuchen wir es nicht noch einmal? Ein neuer Anfang?«

Er strich ihr übers Haar.

»Annie könnte bei Mutter bleiben; wir nehmen den Wagen, fahren für ein paar Tage an die See und denken nur an uns – Schwimmen, Rudern, Spazierengehen, die Tage genießen. Was hältst du davon? Vielleicht bekommen wir noch ein Kind. Wir gönnen uns noch eine Chance und sehen zu, daß diesmal etwas daraus wird. Was sagst du dazu, Joany?«

Er redete sich fast in eine Art Liebe hinein. Doch dann legte sie plötzlich den Kopf an seine Brust und schluchzte, tränenüberströmt. Das einfältige Geschöpf.

»Also das nenne ich eine gute Freundin, Maud«, sagte Stephen. »Wie nett von dir, ausgerechnet zwei Tage vor Joany niederzukommen und ihr in der Klinik Gesellschaft zu leisten. Meinen besten Glückwunsch, Maud!«

»Zigarre, Stephen?« sagte Ted.

»Noch eine?« sagte Stephen. »Bisher habe ich nie Zigarren geraucht.«

»Macht nichts, Stephen. Heute bekommt jeder eine

Zigarre.« Er stopfte sie in Stephens Tasche. »Ich habe eine für den Doktor – und sogar für die Oberschwester. Ach, ich bin der stolzeste Vater der Welt. Hat es schon geläutet? Nein, noch nicht. Doch, es hat. Komm, Stephen, wir wollen uns die Kinder ansehen.«

Hastige, lautlose Schritte auf dem gummibelegten Boden des langen Korridors. Offene Türen, blasse Frauen, Blumen, Bänder, blaue, rosa Strampelsäcke, winzige Jäckchen, gestrickte Schuhchen, Rasseln, glückstrahlende Väter. Die Schwester trug ein verdecktes Becken vorbei. Alles in seliger Geschäftigkeit. Eine Schlange von Vätern, Großmüttern, Großvätern, Tanten und Onkeln bildete sich hinter ihnen, die Gesichter der großen Glasscheibe zugewandt, die das Kinderzimmer vom Korridor trennte. Die Schwester, mit Gummihandschuhen und weißer Maske, musterte sie durch die Scheibe, trat dann zu Korb Nr. 14 und kehrte mit etwas Affenartigem, Hummerfarbenem im Arm zurück. Stephen war nicht ganz sicher, ob er gemeint war oder Ted; Ted dagegen begriff schneller.

»Da kommt meine kleine Theresa«, rief er überglücklich und küßte das Glas, das ihn von dem Geschöpf trennte.

»Ist das nicht das hübscheste Mädchen, das es *je* gab? Ach Maud, du bist einfach großartig!« Und schon rannte er wieder in Mauds und Joans Zimmer am anderen Ende des Korridors.

Die Schwester war ein wenig überrascht – vom Erfolg, wie auch von der geringen Dauer der Demonstration. Dann legte sie Theresa wieder in ihren Korb und nahm ein anderes Kind aus dem nächsten – Nr. 15.

Das also ist der kleine Stephen.

Sein Kind zum ersten Mal zu sehen, ist ein Erlebnis eigener Art. Stephens Herz schlug heftiger. Und das Risiko, das man eingeht! Rhesusfaktor, Idiotie, Kriminalität; Versager. Er musterte das Kind von der ebenmäßigen Wölbung des Schädels mit dem losen, schwarzen Haarflaum bis zu den kleinen roten Ohren. Das eine war umgeschlagen; hat nichts zu bedeuten, richtet sich auf wie niedergetretenes Gras im Morgenau. Blicklose Augen, die Andeutung einer Nase, saugende, suchende Lippen: Qual des Zusehens, wie ein Leben beginnt. Wie zusehen zu müssen, wenn eines endet. Noch nicht ganz da, so einsam; völlig absorbiert von der Beschäftigung, da zu sein.

Auch die kleine Annie. Aber das ist nur ein Mädchen. Eine Frau und eine Tochter: kein Zuhause für einen Mann. Mehr Frauen, mehr Mädchen – sie drängen einen hinaus. Man kann mit ihnen nicht viel anfangen. Doch der hier – das wird einmal ein Freund sein; einer, der mitmacht. Der deine Interessen teilt. Hilf ihm, dir selbst zu helfen. Sieh dir diese Augen an, wo habe ich diese Augen schon gesehen? Unsere sind dunkel, durch die Bank, Joans sind hell. Aber seine Augen sind grünlich, mit einem goldbraunen Ring um die Pupillen und ein-zwei, drei-vier, fünf-sechs goldbraunen Strahlen. Merkwürdige Augen. Ich kenne sie: aber wo habe ich diese Augen schon gesehen?

Es müßten Danas Augen sein. Denn ich liebte Dana, damals … Eigenartig – ich glaube, ich habe Danas Augen nie gesehen; ich könnte nicht sagen, welche Farbe sie haben. Dunkel. Sie waren dunkel; Dana saß auf der

Couch, links neben der Leselampe. (Unter Licht, gelbem Licht, sah ich auch Augen, wie der kleine Stephen sie hat.) Ich saß neben ihr, und sie las zwei Gedichte vor, traurig und einfach.

»Welches gefällt dir besser, Stephen?«

»Oh – das über das Meer. Mir gefällt, wie du das Meer siehst. – Das andere klingt zwar wie ein Gedicht, aber du hast es nur geschrieben, um mich zu ärgern; es hat überhaupt keinen Sinn, du würdest es nie veröffentlichen ...«

»Weißt du das so genau, Stephen?«

Nun funkelten ihre Augen in allen Farben, unbestimmbaren Farben – Öltropfen, die sich auf einer Wasserfläche ausbreiten.

Er wurde unsicher. Seine Augen wichen dem spöttischen Funkeln der ihren aus und blieben an einem Bild über der Couch hängen.Es stellte ein Klosett dar; ein ganz gewöhnliches Klosett, das sie ihr Pi-pi-ca-ca-so-so nannte.

»Gibs auf, Dana.« Er warf sie auf die Couch, küßte sie, nahm sie – die einzige Möglichkeit ihrer habhaft zu werden. Seit er sie kannte, war er nicht mehr er selbst. Alles schien neu und offen. Diese Vielzahl von Dingen, die man tun konnte! Dennoch war sie ihm stets überlegen.Er hatte nie gewußt, daß man so lieben kann.

Dana schenkte ihm einen Whisky ein und einen für sich selbst: einen doppelten, und leerte das Glas.

»Und nun Schluß, Stephen. Du *mußt* erreichen, daß Joan zu dir zurückkehrt. Ich überlebte es nicht, wenn ihr etwas zustieße. Außerdem Annie – wenn Kinder im Spiel sind ...«

Er hatte es schon immer gewußt. Sie war ohnehin zu alt für ihn und im Grunde ziemlich anstrengend. Trotzdem ...

»Ich will nichts überstürzen ... keine voreiligen Entschlüsse ...«

Er versuchte es mit klugen Redensarten und merkte, daß seine Stimme bebte, daß seine Augen quollen.

»Gewiß doch, Stephen. Ich wußte, du würdest vernünftig sein ...«

Ihm war, als würde er immer kleiner; ein Gefälle streckte sich zwischen ihm und Dana, sie blieb ganz hoch oben, und er sah, wie sich zwei Tränenperlen von ihren Augen lösten. (Daß Dana weinen konnte, war ihm noch nie in den Sinn gekommen.) Fast hätten sie das Gefälle überwunden; aber Dana bestätigte sie nicht, schüttelte sie nicht ab, wischte sie nicht weg, tat, als wären sie nicht da, und inzwischen streckte sich das Gefälle, der Fahrstuhl trug ihn immer tiefer hinab bis auf das nüchterne, kalte Niveau der Straße; Dana blieb oben in ihrem Turm.

Dana. Stephen wollte nicht weiterdenken. Er sah in die großen, bangen, blicklosen Augen seines Kindes; die Schwester schwenkte es in der sterilen Luft vor ihrer Gesichtsmaske, ließ es sich verneigen – »Wiedersehen, Daddy, bis morgen« – und legte es in seinen Korb zurück.

Doch seine Gedanken rasten weiter und ließen sich nicht zurückhalten. Große, bange, blicklose Augen unter gelbem Licht. Am Tag nach dem Abschied von Dana hatte J. D. ihm aufgetragen, nach Mount Eavers hinaufzufahren und Mr. Bard zu besuchen, der mit J. D.'s Streichungen in seiner ›Geschichte der Oper‹ nicht einverstanden war. Stephen sollte ihn aufsuchen, mit ihm reden, verhandeln. Erstattung aller Unkosten. Ein netter, interessanter Ausflug, wenn Dana ihn begleitet hätte. Doch Dana begleitete ihn icht, und Mr. Bard blieb unansprechbar. Selten einem so eingebildeten Menschen begegnet. Je mehr man ihnen zahlt, desto mehr Wirbel machen sie. Mr. Bard hatte eine umfangreiche, langweilige Fußnote geschrieben, um die er sein Essay erweitern wollte. Es waren drei qualvolle Stunden, die Stephen an den Versuch wandte, Mr. Bards salbungsvolle Monologe hier und da mit einem Einwurf zu unterbrechen, ihn zur Fortlassung der Fußnote zu bewegen, ihm zumindest ein paar kleinere Streichungen abzuringen. Dann servierte ihm Mr. Bards reizlose, bebrillte, ältliche Tochter, die zugleich seine Sekretärin war, eine Tasse Tee – zusammen mit dem Duft einer desodorierenden Substanz und einem Bukett feindseliger Blicke –, und dann lag die lange, leere Straße vor ihm und die Dunkelheit und der Nebel.

In der Dunkelheit und im Nebel fuhr er auf der schmalen Landstraße, die Mount Eavers mit dem Easter Highway verband, etwas um; er konnte nicht erkennen, was es war, aber sein ganzer Wagen stank nach Dung. Ein paar hundert Meter weiter wendete er an einer kleinen Kreuzung und fuhr zurück, langsam im zweiten Gang, bis er im gelben Licht des Nebelscheinwerfers eine umgestürzte Schubkarre sah, den Dung ringsum über die Straße verstreut, und am Straßenrand, ein paar Meter davon entfernt, einen Körper. Stephen stieg aus und zerrte ihn ins Licht. Er krümmte sich, ein Junge von vielleicht sechzehn oder siebzehn Jahren, offensichtlich schwer verletzt. Stephen starrte im gelben Nebellicht in die großen, bangen, blicklosen Augen. Sie waren gün, mit goldbraunem Ring und goldenen Strahlen. Merkwürdige Augen. »Jetzt ist mir schon viel besser«, sagte der Junge; sein beschmutztes Gesicht entspannte sich, und er schloß die Augen. Stephen hüllte ihn vorsichtig in seinen Mantel, bettete ihn auf den Rücksitz des Wagens und fuhr die zehn Meilen bis Underwood, wo es ein Krankenhaus gab. Der Junge war erschreckend still; Stephen stellte das Radio an, um nicht völlig allein zu sein. »Dax reinigt alles«, verkündete eine eindringlich purrende Frauenstimme; er stellte das Radio schnell wieder ab und pfiff leise in der Dunkelheit.

»Der ist ganz hübsch tot«, sagte der Assistenzarzt, der den Jungen aus dem Wagen hob.

Stephen versuchte, an den freundlichen Landpolizisten zu denken, der sofort zur Stelle war und den Umstand, daß er den Jungen nicht einfach liegengelassen hatte, zutiefst zu würdigen schien; er versuchte, an die stille Nachtschwester zu denken, die eine Blutprobe vornahm und ihm danach Kaffee und Kognak brachte; er versuchte, sich Mr. Bards freundschaftliche Beurteilung seines Nervenzustandes an jenem Abend ins Gedächtnis zu rufen, deren menschlich-mitfühlender Ton ihn überrascht hatte, das Gutachten über seinen Wagen, der in tadellosem Zustand gewesen war, Scheinwerfer, Bremsen und alles – allesamt waren sie bemüht gewesen, ihn zu entlasten; er versuchte sich zu erinnern, daß er unschuldig war und freigesprochen wurde, daß der Junge mit der unbeleuchteten Karre zur Straßenmitte geschwenkt war, ohne sich umzusehen, daß der Junge eindeutig selbst der Schuldige war …

An all diese Dinge versuchte Stephen zu denken; doch seine Erinnerung trug ihn zurück zu jener Straße im gelben Licht der Nebelscheinwerfer, zu dem Jungen in seinen Armen, zu den Augen des Jungen.

Sie müssen mich ungeheuerlich beeindruckt haben, dachte Stephen – so ungeheuerlich, daß ich sie nun an meinen Sohn weitergegeben habe.

›Happy birthday dear Steeevey, happy birthday to you‹ – sie sangen in fünfzehn verschiedenen Tonarten, mit höchster Lautstärke. Zumeist hatten sie ihre Papphüte auf, überall ringelten sich Papierschlangen, häufte sich Konfetti, lagen Bonbonschachteln und aufgerissene Wundertüten, in denen Wahrsagezettel gesteckt hatten. Die Mütter standen hinter den Stühlen und sorgten dafür, daß die Eiscremeportionen auf den Papptellern, die Plastiklöffel auf dem Tisch blieben. Die meisten Mütter rauchten gleichzeitig; ihre halbgeleerten Cocktailgläser standen auf dem Serviertisch und auf den Fensterbänken. Einige von ihnen trugen die Papphüte, die aufzusetzen ihre Kinder zu schüchtern waren. Als sie *›dear Steeevey‹* sangen, versteckte Stephen vor Verlegenheit sein Gesicht in Joans Kleid. Dann versuchte er, die vier Kerzen auf seiner Torte auszublasen. Er mußte fünf-, sechsmal blasen, bis er es geschafft hatte. Wie er das nur macht, sagten die Mütter.

Was soll das alles, dachte sein Vater und zog sich ins Arbeitszimmer zurück. Jeder eine Insel für sich, kein gegenseitiger Kontakt. *Das ist meins! Aber Tommy, sei doch nicht so selbstsüchtig, laß Theresa doch auch einmal, sie wird es schon nicht zerbrechen; wart, ich hole dir ein anderes. Mammy, jetzt hat sie es kaputtgemacht – huuuuuuh.* Nicht zum Anhören. Heute ist Mittwoch. Erst Theresas Party. Genau das gleiche. Und dann die anderen. Sie sind noch zu klein. Es macht sie nur nervös. Die Mütter langweilen sich offenkundig zu Tode. Bare Eitelkeit. Nicht hinter den Nachbarn zurückstehen. Aber man kann wirklich nicht arbeiten bei dem Lärm da drüben. Gewöhnlich endet es damit, daß eins ein Loch im Kopf hat und alle schreien.

In diesem Moment kratzte etwas an seiner Tür, stieß mit dem Fuß dagegen. Der kleine Stephen, strahlend mit seiner Pappmütze, schob eine brandneue Schubkarre vor sich her, blaurot lackiert, mit gelben Griffen. *Meine*, sagte Stevey; Daddy, das ist *meine* Ssubkarre.

Stephen stand vom Schreibtisch auf und ging ins Wohnzimmer. Mit der Entschlossenheit von Leuten, die ein schwarzes Tuch über den Käfig werfen, damit die Vögel Ruhe geben, ließen die Mütter gerade die Jalousien herunter – Vorbereitung für den Mickymausfilm.

»Lieber Gott, Joan, konntest du dir nicht etwas Vernünftigeres einfallen lassen als eine Schubkarre?« sagte Stephen.

»Wieso, Stephen, warum nicht? Tommy hat eine; Tim Brightner auch. Er hat sie sich gewünscht; sie spielen damit in der Sandkiste ...«

»Die brauche ich, Daddy«, krähte Stephen, hüpfte auf beiden Füßen zwischen den gelben Griffen, lachte und lachte.

Er lachte über mich, dachte Stephen.

»Wozu brauchst du sie denn, Kleiner?« fragte er und packte Stevey freundschaftlich am linken Arm.

Und da begann der kleine Stephen zu schreien. Was hat der Junge nur an der linken Seite? Man braucht ihn nur anzurühren, und er schreit.

Stephen lenkte den Wagen durch die enge Garagenein-fahrt. Habe ich Joan nicht gebeten, das Licht brennen zu lassen, wenn ich spät nach Hause komme? Sie denkt ein-fach nicht daran. Er warf einen irritierten Blick auf den Rücksitz des Wagens, stieg aus, ohne die Scheinwerfer abzuschalten, ließ das Garagenlicht aufflammen, kehrte dann zum Wagen zurück und löschte die Scheinwerfer. Schaute in jede Ecke, erschrak vor jedem Schatten. War entsetzt beim Anblick eines Overalls, der in der Ecke über einem Draht hing – beim Zuschlagen der Wagentür begann er zu schaukeln und einen dunklen Schatten über die an der Garagenrückwand aufgestapelten Lattenkisten zu werfen. Stephen starrte darauf, wie angewurzelt. Er gehört dem Mechaniker, sagte er sich schließlich; dem Mechaniker, der heute früh die Ölheizung nachgesehen hat …

Er wich zur Tür zurück, schaltete das Garagenlicht aus, überquerte, vor sich hinsummend, den mondhellen Hinterhof. Schließlich ist doch alles wieder viel besser geworden. Ich bin nicht der einzige Mann auf der Welt, der eine Krise durchgemacht hat. Das ist nun vorbei. Nie-mand denkt mehr daran. Dana ist fort, nach Paris, nach Rom – alles Gute. Und dieser Junge ist tot. Nichts von ihm übriggeblieben. Arme, einfältige Seele. Keine Span-nung, keine Energie, die erhalten, die irgendwie trans-formiert werden muß. Keine Familie; niemand, der sich seiner erinnerte.

J. D. hatte ihn Mitherausgeber werden lassen, sein Gehalt erhöht. Viel Arbeit war getan, und das allein zählt. Joan ist ein hoffnungsloser Fall – macht nichts. Stevey macht sich, ein Prachtjunge. Es wird allerdings

Zeit, daß ich ein bißchen mit ihm ausgehe, ihn abhärte. Joan ist mehr Glucke als Mutter, sie verhätschelt und verweichlicht ihn. Muß ein Ende haben.

Er drehte den Schlüssel im Schloß und trat in die Diele. »Himmel, was ist denn hier los? *Joan!* Die Wohnung stinkt wie ein Stall – *Dung!* Wie zum Teufel kannst du dabei schlafen oder erwarten, daß ich es kann?«

Joan erschien in einem rosa Morgenrock mit rotem Samtkragen, Lockenwickler im Haar, Fettcreme im Gesicht.

»Lieber Gott, Stephen, mußt du denn alles aufwecken um diese Zeit? – Die Leute haben den Park gedüngt, und Stevey …«

»Also wirklich, Joan – du hast den ganzen Tag nichts weiter zu tun, als dich um die beiden Kinder zu kümmern; und dann läßt du zu, daß sie sich wie die Ferkel in Misthaufen wälzen – wenn du wenigstens Ordnung gemacht hättest, bevor du mit deinen blöden Lockenwicklern herumspielst! Kann sich dein Spatzenhirn denn nicht ein einziges Mal mit anderen Dingen beschäftigen als mit deiner gottverdammten Kosmetik …«

»Guter Gott, Stephen, wie kannst du dich nur so aufregen – um nichts, rein gar nichts … Nimm die Schuhe da, einer auf dem Sofa, einer darunter, bring sie in die Küche und mach meinetwegen die Fenster auf. Aber laß mich jetzt schlafen. Gute Nacht!«

Sie schob mit der Linken ihre Locken zurecht und verschwand morgenrockschwenkend in der Schlafzimmertür, die sie mit der Rechten hinter sich zuschlug.

Eine blödsinnige Art, den Sonntagnachmittag zu verbringen. Nimm an, Dana käme vorbei und sähe dich in dieser albernen Aufmachung! Steveys Baseballkappe, sein Schläger: zu leicht, zu klein; wie kann man erwarten, daß ein Mensch mit einem solchen Ding den Ball übers Feld bringt?

Andere Väter punktierten den Rasen in ungefähr gleichen Abständen. Manche mit Baseballkappen, andere ohne. In Shorts, in Blue jeans, in Flanellhosen, die Sonntagsjacketts säuberlich gefaltet auf den Lehnen der Parkbänke. Damit beschäftigt, ihren Sprößlingen die Anfangsgründe des Baseballspiels beizubringen. Verirrte Bälle kreuzten gleichgültig die Luft. Kein Schwung im Spiel an diesem müden, versickernden Nachmittag. Lässige Liebespaare, zwischen den Spielfeldern ausgestreckt, Zärtlichkeiten im Takt von Kofferradios. Jede Gruppe schien allein auf dieser belebten Wiese. Mädchen, die am Rand Hüpfspiele trieben, gestört von alten Damen, die arrogante Schoßhunde über ihre Kreidequadrate zerrten. Andere übten Seilhüpfen, vorwärts, rückwärts, auf einem Bein, auf beiden, einzelne Mädchen oder Grüppchen von zweien oder dreien, für die geduldig-stolze jüngere Brüder das Seil schwangen. Und andere stritten sich um Dreiräder.

Joan saß in geblümtem, trägerlosem Sommerkleid unter einem großen schwarzen Strohhut auf einer sonnigen Bank. Neben ihr Annie, mit baumelnden Beinen ihren Puppenwagen hin- und herschiebend. Maud, in Weiß an ihrer anderen Seite, faltete Nelken aus Papierservietten und zerriß sie wieder. Die kleine Theresa zerrte an ihrem Laufgurt. Macht man sie los, dann ist sie sofort auf und davon; und dann passiert ihr etwas. Ted war nicht mitgekommen, klugerweise. Er hats nicht nötig.

Warten wir ab, bis er auch einen Jungen hat, mit dem er nach draußen muß. Aber vielleicht kommt es nie dazu; er ist ganz der Typ, der nur Mädchen bekommt. Und am anderen Ende der Bank, ein wenig abgesondert, saß ein alter Mann in dunkler, gestreifter Hose, die Beine ausgestreckt, Jackett und Weste aufgeknöpft, Krawatte gelockert und verrutscht, und schlief, eine auseinandergefaltete Zeitung über dem Kopf, die seine Augen beschattete.

Der gepflasterte Weg rings um die Wiese war lang, Bank stand an Bank, es gab viele Joans und Mauds und Annies und Theresas und Kleinkinder und alte Leute, die sich auf den Bänken sonnten und dösten.

»Paß auf, Stevey, jetzt kommt er«, rief Stephen und schlug erschöpft zum xten Male, so gut es eben ging. Stevey drehte sich um, stolperte ungeschickt über seine kleinen langen Hosen und fiel; der Ball traf seine linke Seite, und er lag da und schrie. Joan rannte über die Wiese, ihr geblümter Rock flatterte, und hob ihn auf: »Armer Kleiner! Wo tut es denn weh? Hier? Gib acht, phüü, gleich kommt die gute Fee und nimmt das böse Weh mit!«

»Ach, Joan, warum läßt du ihn nicht in Ruhe? Du siehst doch, daß nichts passiert ist, überhaupt nichts. So lernt er es doch nie; du verzärtelst ihn ganz und gar – bitte, laß ihn in Ruhe.«

»Du hast seine schlimme Seite getroffen; nun wird er wieder hinken.«

»Hinken – dummes Zeug. Du weißt genau, daß dem Jungen nichts fehlt. Nach all den Untersuchungen und Durchleuchtungen ...«

»Schließlich hast du selber festgestellt, daß er hinkt. Mir wäre es nie aufgefallen. Und jetzt ...«

»Reg dich doch nicht auf, Joany«, rief Maud und zerriß eine ihrer Nelken. »Komm und setz dich wieder. Ihm fehlt bestimmt nichts. Weißt du noch, was Dr. Edgecomb gesagt hat? ›Wenn mit dem Jungen etwas nicht stimmt, dann kann er sich höchstens in einer früheren Inkarnation das Bein gebrochen haben ...‹« Sie lachte herzlich über ihren Witz.

»Sehr witzig, Maud, sehr witzig«, sagte Stephen und wurde weiß wie ein Laken. »Komm, Stevey, setz dich; es reicht ohnehin ... mir ist nicht recht ... ich habe sowieso noch zu arbeiten; Wiedersehen, Maud, bis später, Joan; und viel Spaß.«

»Hier draußen ist es kühler«, sagte Stephen, »deshalb habe ich es so gebaut. Der Stuhl da ist noch nicht ganz trocken, Ted, setz dich hierher – genau deinem Rückgrat angepaßt.«

»Eine schöne Leistung, Stephen«, sagte Ted. »Was sagtest du noch – wie lange hast du dazu gebraucht, mit Veranda, Wintergarten, Möbeln und allem? Himmel, ich weiß nicht, wo du die Zeit hernimmst. Wo ist mein Drink, Joany? – Da wir gerade von Zeit reden, Joany – Stephen sollte unbedingt noch einmal in die Schule kommen, bevor die Ferien anfangen.«

»Das habe ich auch vor!«

»Es ist phantastisch – so etwas hast du noch nicht gesehen. Ein kleines Modelldorf auf dem Schulhof: Häuser zum Spielen, Blockhütten, groß genug, daß sie hineingehen und drinnen etwas tun können, dann ein winziges

Kornfeld, eine Unmenge Geranien, ein Hühnerhaus mit einer Henne und Küken, ein Kaninchenstall und ein Hamster im Käfig. Theresa leitet den Kaufladen, stell dir vor – sie schreibt ihren Namen und die Namen ihrer Kunden und kann die Addiermaschine bedienen; eine hübsche Leistung für eine Fünfjährige, finde ich – sie ist eine glänzende Schülerin ...«

»Klingt großartig. Joany, bitte, gib mir auch noch einen Drink«, sagte Stephen. »Und wie macht sich Stevey? Hast du ihn auch gesehen?«

»Oh – er macht sich recht gut. Weißt du – er ist nicht gerade, was man einen akademischen Kopf nennt; aber du solltest sehen, wie er das Hühnerhaus saubermacht und den Schmutz hinauskarrt. Man könnte meinen, er hätte im Leben nie etwas anderes getan.«

»Wie kleinbürgerlich du werden kannst, Ted«, fuhr Stephen auf. »›Glänzende Schülerin‹ – ›akademischer Kopf‹! Und das bei Fünfjährigen ...«

Stephen durchmaß wütend die Veranda, hin und her, wie ein Löwe im Käfig.

»Soweit ich es sehe, wird Theresa einmal Waschfrau, nach ihren plumpen Armen zu urteilen; und Stevey wird – Professor! Seht euch doch nur seine Augen an!«

Er pflanzte sich vor ihnen auf und warf ihnen einen vage herausfordernden Blick zu – würden sie die Bemerkung über die Augen des Jungen widerspruchslos hinnehmen?

»Herr im Himmel, Stephen, beruhige dich«, sagte Joan. »Schließlich hatte Ted nicht die Absicht, deine Gefühle zu verletzen; du bist immer so empfindlich ...«

»Da schicke ich meinen Jungen in eine fortschrittliche Schule und zahle über fünfhundert Dollar pro Jahr, nur damit er das Hühnerhaus ausmistet und *Dung karrt* …«

»Aber das ist doch nur eins ihrer Programme«, sagte Ted, »und du solltest einmal sehen, wieviel sie dabei lernen!«

Stephen goß sich ein Wasserglas halb voll Whisky; seine Hand zitterte sichtbar, obwohl er sich Mühe gab, sie still zu halten. Er leerte das Glas und fuhr fort, auf der Veranda hin- und herzuwandern, den Arm einmal auf die Fensterbank stützend, dann auf einen Stuhl, dann wieder auf den Tisch, daß die Gläser klirrten; er durchmaß die Veranda wie ein verwundeter Löwe.

»Und wenn er im Leben nie etwas anderes getan hätte – in einem anderen Leben, du Narr … nun, erstens gibt es dergleichen nicht, und zweitens würde er sich an nichts erinnern können. An gar nichts …«

Er wischte sich mit dem Handrücken die Schweißperlen von der Stirn.

»… er wäre ein neues Individuum; er hätte mit seinem früheren Selbst *absolut nichts* gemein …«

Er lehnte am Türpfosten, bleich, mit blicklosen Augen.

»Stephen, alter Junge, du brauchst Ruhe«, sagte Ted. »Du arbeitest zu hart. Außerdem trinkst du zu viel. Du solltest eine Weile ausspannen.«

Er stand auf und legte den Arm freundschaftlich um Stephens Schultern.

Annie und der kleine Stevey saßen auf einer Wippe in der Verandaecke. Jedesmal, wenn Steveys Seite sich senken sollte, mußte Annie nach vorn rutschen; dann rutschte sie wieder zurück, um ihn hochkommen zu lassen.

»Mamie hat gesagt«, jauchzte Stevey, beglückt wieder hochschwingend, »Daddy müßte zum Diabetiker gehen …«

»Wohin muß er gehen?« riefen alle wie aus einem Mund.

»Wahrscheinlich meint er Analytiker«, vermutete Joan.

Für diesmal löste sich alles in Gelächter auf.

»Daddy, bitte, fahr nicht so schnell. Ich habe *Angst*.«

Was will er von mir? Weshalb ist er zurückgekehrt? Wie ist das möglich? Stephen stieß mit den Füßen die Decke von sich, öffnete den Pyjama, Jackenknöpfe und Hosenbund, um freier atmen zu können, und wälzte sich von der linken Seite auf die rechte. Es heißt, das Herz schlägt freier, wenn man auf der rechten Seite schläft.

Wie war das möglich? Ein Teil von dir existiert weiter, fähig zu Transformationen, andere Materie in andere Egos einschmelzend, während der Rest aufhört, verwest, vergeht, eine Dualität bestätigend: Tod-Leben, Geist-Materie – eine Dualität, die das moderne Denken, die moderne Wissenschaft, die moderne Ethik ganz und gar verworfen hat. Es ist dein Blut, Stephen, in dem alte Ängste aufwogen – felsenalte Ängste; es ist nicht dein Verstand. Primitives, urprimitives Denken: du denkst wie die Frauen der Steinzeit, die zu spüren glaubten, wie beim Passieren eines bestimmten Baumes die neue Seele in ihren schwangeren Leib sprang. Und dennoch – auch daran muß etwas sein. Die Idee der Parthenogenese, von der modernen Wissenschaft wieder aufgenommen. Die

Alchemie erneuert; der Punkt, in dem das Licht sich unendlich konzentriert, Dantes Gott, als Ursprung, als Stunde Null des sich entfaltenden Universums bestätigt. Wir kennen das Gesetz von der Erhaltung der Energie. In nicht allzu ferner Zeit wird man auch die Erhaltung der seelischen Energie bewiesen haben. Metametempsychose. Der Zeichen sind zu viele, als daß man sie übersehen könnte.

Leichten Tod hatte er erlebt und Tod in weiter Ferne; doch der Tod war sanft und fremd geblieben. Es gab einen hellen Stern in vielen Winternächten – sein Vater, der auf ihn herabschaute. Sein silbriges Licht war so beruhigend wie das der Schreibtischlampe an quälend angstvollen Abenden. Tante Claire, die Schauspielerin mit dem deutschen Akzent, hatte Selbstmord begangen, als er noch klein war – und in dem kleinen Malteserhündchen im Park am Sonntagnachmittag war sie zurückgekehrt: ihre schwarzen Knopfaugen, erhobener Kopf, seidene Schleife. Schafe trotteten mit ergebener Miene zum Schlachthaus, ein früheres Verbrecherdasein sühnend. Eine weiße Blume würde am Wegrand wachsen – aus seinem Blut; ich glaubte es, weil ich es hoffte: aber ich wußte, es konnte nicht sein. Eine weniger friedvolle, weniger harmlose Geschichte.

Die Gerichte haben geurteilt, daß ich unschuldig bin. Doch bin ich es wirklich? Immer gehören zwei dazu, einen Unfall zu verursachen; nie ist es eine Frage von Schuld oder Unschuld – es ist eine Frage von mehr oder weniger Schuld; immer. *Mörder*, und der Mord ist nur ein äußeres Zeichen meines eigenen, elenden Lebens. Falsch gespielt, Verstoß gegen die Regeln. Joan, Dana, alles. Deshalb ist er zu mir zurückgekehrt, um immer bei mir zu sein, um mich zu mahnen, immer. Armer Junge. Ein stilles Kind, mein Sohn, Sohn meines Verbrechens. Vielleicht seine letzte Inkarnation – vor dem Nirwana.

Was will er von mir? Mir eine Chance geben, immer gut zu ihm zu sein, für ihn zu sorgen, ihn zu formen, ihm ein besseres Leben zu schaffen als das, das ich ihm nahm? Er grollte mir nicht, als er starb. *Jetzt ist mir schon viel besser.* Oder kam er, um sich an mir zu rächen, um mit dem Wachsen seines Lebens das meine vergehen zu lassen, Stephen um Stephen – wird er mich umbringen?

Er machte Licht, zündete sich eine Zigarette an, setzte sich im Bett auf, Entsetzen in den Augen, Schweiß und Angst auf der Stirn.

Ich werde ihn fragen. Ich werde mit ihm darüber sprechen. Ganz offen. Es ist der einzige Ausweg.

Stevey lag in seinem Bettchen, emsig schlafend. Das lockige Haar wirrte sich auf der Stirn, lange Wimpern versiegelten die Augen, die sein Vater fürchtete. Sein Mund war halb geöffnet, vertrauensvoll, leichtgläubig; mit dem linken Arm drückte er ein purpurfarbenes Kaninchen mit schmutzigen Schlappohren an sich.

Alpträume, gesponnen aus kranken Fibern, überreizten Nerven. Dies ist nicht der Junge, den ich am Easter Highway getötet habe. Sieh doch: er hat den Langschädel meines Vaters und Joans Haarfarbe; auch die Form seiner Augenbrauen, über der Nasenwurzel beinahe zusammengewachsen, ist von meinem Vater; in vielem ähnelt er den

Fotos aus meiner Kinderzeit. Auch Joans Vater: die hohen Wangenknochen, rosig überhaucht von der Arbeit des Schlafs. Beide Großväter also – eigenartig; dabei waren sie so verschieden. Und die Locken auf der Stirn, sieh da, er hat sogar etwas von Tante Claire, der Schauspielerin. Erhaltung seelischer Energie. Sie folgt dem Pfad der Gene; wenn er einmal zu Ende ist, ist es zu Ende. Armer Kleiner.

Stevey murmelte etwas, wischte sich zornig das Haar aus der Stirn und fuhr herum. »Sag, daß es dir leid tut«, lallte er mit traumschwerer Zunge. Wahrscheinlich stört ihn das Licht; er spürt, daß ihn jemand ansieht.

Stevey schrie, schrie laut im Schlaf. Vielleicht träumt er vom Easter Highway.

Leise und hastig öffnete sich die Tür; Joan kam herein, Lockenwickler im Haar, Fettcreme im Gesicht in ihrem rosa Morgenrock mit rotem Samtkragen.

»Was ist denn hier los?« sagte sie.

»Oh, nichts Besonderes«, sagte Stephen. »Er hat wohl schlecht geträumt. Ich hörte, daß er unruhig war, und sah nach ihm. Jetzt ist alles wieder in Ordnung.«

Ein hübsches Arrangement, das Alte, Archaische mit dem Modernen verbindend: kahle, weiße Wände, fast kubisch gemustert, ohne Zementplafonds, hier und da altitalienische Bauernmöbel, abgestimmt auf die Meisterwerke an den Wänden. Wände, an denen sich das schwachsinnige Lächeln von Heiligen bricht. Geschlechtslose, lippenlose Engel. Das schlaffe Fleisch mit Pfeilen gespickt. St. Stephanus, der erste der Märtyrer. All dieses Gold, all dieses Blau. Stereotyp und dennoch großartig.

Wie so viele Rezitative, Arien und Choräle der Leidensgeschichte. Heiligkeit ist stereotyp: Tugend. Dana war frei davon; vielleicht hat sie den besseren Teil erwählt.

Wer hätte gedacht, daß eine solche Ausstellung derart viele Leute anzieht. Menschenmengen umlagern die Gekreuzigten, mustern sie zufrieden. Der Erklärer hat einen Walroßbart und kalte, rote Hände, die deuten und herrschen. Bitte nichts berühren. *In der letzten Dekade seines Lebens überkam ihn eine Wandlung, ein erschütternder Anhauch von Tragik ließ seinen Pinsel erbeben. Seine Augen versagten, und nahezu blind begann er in einem Stil zu malen, dem sein Publikum fassungslos gegenüberstand: die Umrisse verschwammen mehr und mehr ...* Gleichgültig rezitierte er vor einer Klasse gleichgültiger Schulkinder. Komm nach dem Essen zu mir, das Spiel wird im Fernsehen übertragen, sagte der letzte Junge zum letzten Mädchen, während sie Hand in Hand durch die Tür in den nächsten Raum gingen, um noch mehr Heilige, noch mehr Engel zu sehen.

Der Erklärer wandte sich an Stephen, der den verwirrten Stevey hinter sich herzog. Graue Hose, blaue Jacke, geputzte Halbschuhe. Detail, sagte der Erklärer; die wundervolle Ausarbeitung im Detail. In jedem Zoll dieses Meisterwerkes steckt mehr Arbeit als in einem modernen Gemälde von zwei mal drei Metern. Hier, sagte er, zog eine Lupe aus der Brusttasche und hielt sie über das Auge des auferstandenen Lazarus. Auferstanden durch den Glauben, nach einem Leben des Jammers in ein Leben der Glorie. Florentinische Schule, fünfzehntes Jahrhundert. Welch eine Präzision, welch ein Realismus! Stephen hob Stevey hoch; nehmen Sie es bitte weg, sagte Stevey, und nun halten Sie es wieder davor. Wie groß es aussieht! Und dann schaute er selbst hin. Grünliche Augen mit einem goldbraunen Ring um die Pupillen und eins-zwei, drei-vier, fünf-sechs goldbraunen Strahlen.

Merkwürdige Augen, sagte Stephen kühl und gab dem Erklärer die Lupe zurück. Er zog Stevey an sich und legte ihm den Arm so um die Schultern, daß er Stirn und Augen verdeckte.

Ziemlich riskant, solche Gemälde übers Meer und dann durch alle Staaten zu transportieren, sagte er zu dem Erklärer und fingerte in der Tasche nach einem halben Dollar, den er ihm geben wollte. Erst neulich habe ich irgendwo gelesen, daß es ihnen schadet: sie zerfallen. Andererseits – nun, besten Dank. Komm, Stevey.

»Ich bin blind«, sagte Stevey. Er hatte hinter der schützenden Hand des Vaters die Augen geschlossen und ließ sich nun auf zwei Armlängen hinter ihm herzerren. An einer Staffelei vorüber, vor der eine bejahrte Muse, ganz Locken und Kneifer, ungläubig ihr eigenes Werk belächelnd, mit sehr viel Giottoblau eine Verkündigung zu kopieren versuchte. Der Engel: verschämt; die Jungfrau: schockiert. Guter Wille allein tuts nicht, dachte Stephen.

»Daddy – wenn *alle Leute* blind wären, wäre es dann dunkel?«

»Aber nein, Stevey, natürlich nicht. Es ist entweder hell oder dunkel; ob die Leute blind sind oder nicht, hat nichts damit zu tun.«

»Aber wie wüßte man das, wenn alle blind wären ...«

»Weißt du, Stevey, wenn es hell ist, ist es hell, ob die Leute es nun merken oder nicht. Die Pflanzen würden trotzdem wachsen; sie brauchen Licht zum Wachsen ...«

»Aber Daddy, wenn Gott auch blind wäre, wäre es dann nicht dunkel …«

Eine Inderin kam hinter ihnen näher, flinke, lautlose Sandalen, zu denen purpurne Seide herabwallte, ein schwarzgoldenes Tuch um den Kopf. Sie blätterte hastig, aber sachkundig in ihrem Katalog, verglich den Sündenfall, vor dem sie standen, und nickte befriedigt.

»Sieh doch – die Dame in dem komischen Kleid«, platzte Stevey heraus, sein Thema vergessend.

»Pst, Stevey, du weißt doch, daß man nicht über andere Leute reden darf … Und nun schau her. Fra Angelicos ›Jüngstes Gericht‹. Großartig, nicht? Das hier müssen die offenen Gräber sein, aus denen die Toten auferstehen – sieht aus wie ein betonierter Gehsteig, unter dem die Kanalisation nachgesehen wird; fast dasselbe, in gewisser Wiese – komisch, ja? Du weißt doch, am Jüngsten Tag, wenn die Welt und alles zu sein aufhört, dann stehen auch die Toten wieder auf; die Guten kommen in den Himmel – da drüben, siehst du, wie sie Ringelreihen tanzen? – und die Bösen kommen in die Hölle, hier, auf der rechten Seite. Da siehst du auch die kleinen Teufel, die sie in die Hölle treiben. Wie bange sie sind; und hier werden sie gefesselt, in ganz unbequemer Haltung, mit dem Kopf nach unten, verrenkt, gezerrt, hungrig, verbrannt, geschlagen; die Knochen werden ihnen gebrochen …«

»Daddy, ist es in der Hölle wirklich so? Woher weiß der Maler das?«

»Er weiß es nicht; er glaubt es.«

»Du meinst: in der Hölle ist es so, weil er es glaubt?«

»Aber nein, Stevey, vielleicht ist es dort ganz anders; vielleicht gibt es die Hölle nicht einmal, einerlei, was die

Leute glauben. (Glaube versetzt keine Berge und erschafft sie noch weniger. Weder Glaube noch Angst.) Viele Leute glauben nicht, daß man in den Himmel oder in die Hölle kommt, wenn man gestorben ist. Sie glauben, daß die Menschen wiedergeboren werden, immer wieder. Wenn jemand in seinem Leben ein guter Mensch war, dann wird er in einer schönen Gestalt wiedergeboren, als Weiser vielleicht oder als Heiliger, und er wird es gut haben. War er ein böser Mensch, dann wird er in einer häßlichen Gestalt wiedergeboren – sagen wir, als Schlange oder dergleichen, und dann tritt ihm vielleicht jemand auf den Kopf.«

»Und werden *alle* Menschen wiedergeboren, Daddy?«

»Die Inder – die Dame mit dem merkwürdigen Kleid da drüben – glauben das …«

»Daddy, was glaubst du – wer war ich, bevor ich geboren wurde?«

Er sah die dunkle Gestalt nicht, die von der Treppe des Überweges herabeilte, quer über den Gehsteig, von rechts auf die Straße. Er hörte die Frau aufschreien und brachte den Wagen, der mit mäßiger Geschwindigkeit dahinrollte, scharf bremsend zum Stehen. Und er hörte den Schlag, den weichen, geschmeidigen Schlag gegen die Haube. *Wieder.* Diesmal waren Leute da, viele Leute, die von allen Seiten herbeirannten. Doch er war mittlerweile ohnmächtig über dem Lenkrad zusammengesunken. Wurde geweckt vom Sirengeheul des Unfallwagens, der Polizeistreife. Der ist ganz hübsch tot, stammelte er, als ein Polizist die Wagentür aufriß. Er kannte die Schuhe, mein Gott, die graue Hose und die blaue Jacke. Er kannte die Bücher, die man aufhob und der Polizei zur Identifikation übergab. ›Motive und Melodien, erster Teil‹ und ›Anfangsgründe für kleine Pianisten‹. Es ist mein Junge, murmelte er, an die Stoßstange gelehnt. Wollte zum Bus an der anderen Straßenseite, um zum Unterricht zu fahren. Ich habe alles gesehen, sagte die Frau, hier ist mein Name und meine Adresse. Der Wagen hat keine Schuld: der Junge hat sich förmlich davorgeworfen; es ist zu schrecklich für Worte, aber so ist es passiert. Von rechts, und so schnell; dazu die Dunkelheit und der Regen.

Stephen war bleich, totenbleich. Dunkle Ringe lagen um seine eingesunkenen Augen. Sein nasses, wirres Haar streifig schwarz. Regentropfen und Tränen strömten über sein Gesicht. Halbtot. Vielleicht die Sonnenflecken. Und wie es scheint, kein neuer Anfang mehr.

ZWILLINGSSCHREI

W enn er anfangs sagte, »es ist nicht Marthas Schuld – jede Martha hätte es getan; er hat sie dazu gebracht; ich hatte selbst eine solche Martha«, glaubten die Leute, er wäre nicht recht bei Trost. Doch nachdem er, bescheiden und geduldig, die Fakten zusammengefügt hatte, gaben sie einen Sinn, und die Leute begannen über diesen Sinn nachzudenken, das Beste zu erhoffen und ihnen alles Gute zu wünschen – ihnen, Phil und Martha, wer immer das sein mochte. In gewisser Weise schien die Auflage entrichtet – wofür, vermochte niemand ganz zu durchschauen; dennoch eine Auflage; entrichtet. Nun konnten sie weitermachen, Phil und Martha.

Vanyambadi, 24. April 1918

Heute hat James sie getauft. Willoughby und Theopil. Willoughby nach Vater; ›Willy‹ paßt zu ihm, ein kluges Kind. Und wenn der eine Willy heißt, macht es sich gut, wenn der andere Philly gerufen wird. Wir hatten unter anderem an Philip gedacht; doch wenn man es sich überlegt, gibt das in unserer Familie keinen rechten Sinn. ›Theophil‹ verheißt Glück. Möge er Gott nahe sein.

6. Juni

Will muß immer auf der linken Seite liegen, Phil immer auf der rechten, im Bettchen wie im Wagen. Legt man sie andersherum, schreien sie. Auf diese Art kann man sie wenigstens voneinander unterscheiden. Dr. Edgecomb rät, sie zu trennen; er sagt, sie entwickelten sich dann besser. Doch es geht nicht. Sie würden schreien. Will schiebt immer den linken Arm unter den Kopf, Phil den rechten. Und wenn die Leute sie anstarren – man hat hier noch nie Zwillinge gesehen; sie werden angestarrt wie Monstrositäten – fangen sie gleichzeitig an zu schreien. Wenn ich den Wagen schaukele, sind sie still und lutschen am Daumen: Will am rechten, Phil am linken. So ist es immer: der eine das Spiegelbild des anderen.

24. Juli
Das Personal, mit dem man hier auskommen muß! Offen gestanden, ich habe Angst vor Yoshi, aber wenn ich sie entlasse, ist die nächste vielleicht noch schlimmer. Yoshi sagt: sie wollen zwei sein, aber die Dasus lassen es nicht zu. Auf einer Papageienfeder kauend, die sie als Zahnstocher benutzt, sagt sie: wenn sie nicht zwei sein können, werden sie ein Erdbeben bringen, ein schreckliches Erdbeben.

11. November
Sie haben beide ihren Spinat ausgespuckt. Sie haben die gleichen Vorlieben und die gleichen Abneigungen. Sie nässen auch ihre Windeln gleichzeitig. Wehe, wenn ich Phil trockenlege, ohne Will vorher trockengelegt zu haben. Immer muß Will zuerst an die Reihe kommen.

1. Mai
Helft ihnen, zwei zu sein, sagt Yoshi – sie trägt einen alten Strumpf von mir als Turban auf dem Kopf. Sie sagt:

rasiert Wills Haar ab und opfert es dem vierarmigen Shiva, damit er die beiden trennt, in zwei mal zwei. Phils Haar dagegen sollte mit Kuhdung eingerieben werden; das wird ihnen helfen, zwei zu sein.

9. November

Wills Erkältung dauert an. Wir haben ihn heute noch nicht aus dem Haus gelassen. Er ist mißlaunig und ein bißchen mitgenommen. Er hat sich böse gekratzt, am linken Bein, als er in seinem Laufstall mit den Eisenbahnschienen spielte. Und als Phil dann ins Haus kam – tatsächlich, er hatte auch einen Kratzer am Bein: am rechten. Er war zum Gartenzaun gekrochen und in den Stacheldraht gefallen.

13. Dezember

Mit eintönig beschwörender Stimme, die nicht ihre eigene ist, sagt Yoshi: badet sie nicht in Wasser, das Gleichheit bewirkt. Will sollte mit dem Fett einer *hilsa* eingerieben werden. Für Phil sollte man das wiedergekäute Heu einer heiligen Kuh nehmen, in Palmöl gekocht mit Sandelblättern und *minusops*. Damit sollte man Phil einreiben. Es würde sie verschieden werden lassen.

12. Februar

Unter den Jungen drunten im Missionskindergarten gibt es einen Peter MacGregor und einen Peter Toledo. Peter Toledo ist klein, dunkel und rundlich, Peter MacGregor ist groß, blond und beweglich. Sie haben nicht das mindeste gemein, außer ihren Vornamen – und der Tatsache, daß Phil Peter Toledo plagt und daß Will Peter MacGre-

137

gor ärgert. Heute hat Phil oben im Eßraum Peter Toledos Kuchen genommen und ihn gebissen, als er schrie; gleichzeitig stieß Will Peter MacGregor drunten im Hof von der Schaukel, schaukelte dann selbst wie wild und wollte sich ausschütten vor Lachen, als er sah, daß Peter sich verletzt hatte.

Weihnachten

Eigenartig, diese beiden Kinder, die in Wahrheit nur eins sind. Man weiß nicht, wo das eine aufhört und wo das andere anfängt. Will steht für Phil, Phil steht für Will; für andere scheint kein Raum mehr zu bleiben. Selbst der Raum zwischen ihnen scheint anders als der Raum um sie herum, durchzogen von unsichtbaren Verbindungen. Ich habe in den Büchern nachgeschlagen, alles scheint völlig normal, wie es nun einmal ist; James sagt, jeder von ihnen hat eine Seele, jeder ist allein vor Gott. Aber manchmal kommen mir Bedenken.

5. Mai

Phil ist rascher gewachsen als Will; er ist jetzt fast einen Zoll größer. Aber Will wird so herrschsüchtig. Phil – ›mein Phil‹ – muß alles tun, wie Will es bestimmt. Phil ist ein artiger Junge, es macht ihm nichts aus. Heute früh hat Will Phils Bett naßgemacht; ich weiß, daß er es war, denn Phils Bett war trocken, als ich ihn zum Baden herausnahm. Doch Will sagte: »Phil hat in sein Bett gemacht – der böse Phil.« Und Phil sah uns betrübt an, mit schuldbewußten Augen. Ich glaube fast, er war überzeugt, es getan zu haben.

Allerheiligen

Yoshi sagt: ihrem Karma nach sind sie zwei. Also sind sie zwei. Sie saß auf einem Schemel beim Perlenvorhang der Vordertür, hatte ihren Shawl über Will und Phil, die neben ihr standen, gebreitet und hielt ihre Hände – Wills Linke, Phils Rechte – zusammen auf dem Schoß. In Wills Hand treffen Herzlinie und Kopflinie nie zusammen; er wird ein impulsiver Junge. Phil wird bedächtig sein; seht, da fließen Kopf- und Herzlinie zusammen. Der Hügel hier bedeutet Glück und Voraussicht. Die Lebenslinie ist lang, aber der Hügel der Liebe geschrumpft; Stolz und Vertrauen sind unsicher und gebrochen. Auch bei Will gibt es Glückszeichen, doch er ist wild und unbekümmert. Das *dishnana*-Feld verheißt Überfluß, aber der Liebeshügel gleicht genau dem in Phils Hand, und seine Lebenslinie ist gebrochen, durchschnitten. Ihrem Karma nach sind sie zwei, sagt Yoshi.

Palmsonntag

Ich schenkte Phil ein Kaninchen mit Schlappohren, aber er weinte, bis auch Will eins bekam – genau das gleiche. Ich schenkte Will ein Glockenspiel, aber er zerbrach es – die eine Hälfte für ihn, die andere für Philly. Ich schenkte ihnen ein paar galoppierender Pferde, vor einen Planwagen gespannt. Sie schrien – sie wollten nicht einen, sondern zwei. Doch in ganz Vanyambadi war kein zweiter aufzutreiben. Also schrien sie und sagten: wir haben Angst davor, nimm es weg!

So weit kam sie – arme Mutter. Hier wurde ihre Hand aufgehalten. Hätte sie auf Yoshi gehört, die Erde hätte vielleicht gezögert; wir wollten ohnehin abreisen, Dad hatte einen Ruf an die Christ Church in Chicago erhalten. Doch die Erde wartete nicht. Der Himmel weiß, was sie gegen Will und mich haben mochte.

An viel kann ich mich nicht mehr erinnern. Ein unfreundlicher Tag in bestürzenden Farben. Die Katze erbrach sich und schrie, der Schäferhund klemmte den Schwanz zwischen die Beine. Yoshi war fort, ins Dorf. Reiswein, zuviel Reiswein – ich entsinne mich dieser Worte. Hat man schon je einen solchen Sonnenuntergang gesehen, hieß es. Über dem Horizont schwebte eine goldgesäumte Wolke wie ein Ungeheuer. Dann wurde mir schwindlig, ich versuchte, mich auf allen vieren zu halten, mir war zum Erbrechen übel. Als alles vorüber war, war das Haus eingestürzt, auf dem Hof klaffte ein rauchender Spalt, der Schäferhund heulte die Trümmer an. Dad nahm mich in die Arme, küßte mich und trug mich fort. Mutter ist nun im Himmel, sagte er, und Will ist mit ihr gegangen, damit sie nicht allein ist; aber Philly und Daddy fahren jetzt nach Chicago. Die Sterne hatten lange Schweife und wirbelten hinterm Bullauge des Schiffes über den Himmel.

Armer Vater – hätte er auf mich gehört, so hätten wir Will vielleicht gefunden; denn er war nicht im Himmel. In der Nacht hörte ich seine Stimme und weinte, als die Kinderschwester kam, um mich zu beruhigen. »Will weint, Will braucht mich.« Ich hörte ihn oft und wußte, daß es schlimm um ihn stand, daß er uns suchte. Phil vermißt Will so sehr, hieß es.

Im Schulkindergarten in Chicago hing ein Spiegel im Ankleidezimmer. Ich schaute hinein, während die Lehrerin mir den Schneeanzug zuknöpfte, und rief überglücklich: »Da ist Will!« Auch die anderen Kinder begannen, auf ihr Spiegelbild zu zeigen; sie riefen Namen und hüpften und lachten. Da ist noch ein Dick! Wo ist die andere Helen? Mein Tommy! Manch eines bildete sich ein, Zwilling zu sein. Es war ein Spiel wie andere auch. Und so verblaßte Will zum Phantom und wurde dann vergessen; wurde mit den alten Spielsachen gegen andere vertauscht. Das war vor dreißig Jahren.

Chicago Tribune, 4. Dezember 1952

AUTOR VON BETRUNKENER EHEFRAU ERMORDET.

Rom, 3. Dezember. Der vierunddreißigjährige Anglo-Inder William Sailor wurde heute nachmittag in seiner Wohnung an der Via Sistina ermordet. Wie es scheint, hatte ihn seine Frau Martha, geborene Egan, ein Fernsehstarlet, mit einem Jagdmesser angegriffen. Die Frau, die unter dem Einfluß von Drogen und Alkohol stand, stach ihn in die linke Wange und verletzte ihn am linken Arm. Während Sailor taumelnd versuchte, wieder zu sich zu kommen, gab die Frau aus einer afrikanischen Pistole zwei Schüsse auf ihn ab. Sailor war sofort tot. Die Schüsse riefen Nachbarn und Polizei herbei. Mrs. Sailor erlitt einen Nervenzusammenbruch. Man hatte schon verschiedentlich gehört, daß bei den Sailors Streit herrschte.

Sailor verlor seine nächsten Angehörigen im Jahre 1921 beim Erdbeben in Vanyambadi, Indien. Mit sechzehn Jahren trat er in die britische Handelsmarine ein, führte ein abenteuerliches Leben und lernte fast alle Häfen Asiens und Afrikas kennen. Nach dem Kriege ließ er sich in Rom nieder, wo er 1949 Martha Egan heiratete. William Sailor ist Verfasser zahlreicher Reise- und Abenteuerbücher. Sein bekanntestes Werk ist der Roman ›Kein Haus für Fremde‹.

»Haben Sie das gesehen, Phil?« fragte Robby McNutting beim Lunch. »Hier – in der ›Tribune‹ von heute früh. Er sieht genau so aus wie Sie. Tatsache, eine solche Ähnlichkeit ist mir mein Lebtag noch nicht begegnet. Sehen Sie die Stirn, breit und offen wie Ihre; das kurzgeschnittene Haar, die fragenden Augen – sie müssen dunkel sein wie Ihre. Sehen Sie nur, er zieht sogar die eine Schulter hoch – wie Sie. Ihr Spiegelbild.« Er reichte Phil das Blatt. Das Papier zitterte in Phils Hand; er legte es vor sich auf den Tisch und fuhr mit dem Löffelrücken darüber, wie um es zu glätten oder wie um festzustellen, ob es wirklich da war. Jim Wilder schob seinen Stuhl an die Tischecke, um das Bild ebenfalls zu betrachten, und Ted Connally, ihm gegenüber, stand auf, kam herum, stützte die Arme auf Phils Stuhllehne und sah ihm über die Schuler. »Verdammt«, sagte Jim Wilder, »das ist doch fast unheimlich!« – »Nun, Phil«, rief Ted Connally lachend, »wie fühlt man sich, wenn man ermordet worden ist?« – »Beruhigt euch«, warf Robby McNutting ein, um Phil zu helfen, »nach einem Funkbild kann man das nicht beurteilen; vielleicht hat der Mann ganz anders ausgesehen.«
Phil starrte immer noch auf das Bild und den Artikel. »Ich wußte es«, murmelte er, »ich wußte es. Ich habe es immer gewußt.« Dann trank er seinen Martini aus, den von McNutting, den von Wilder und den Rest von Ted Connallys zweitem und verließ taumelnd den Club.

Chicago Tribune, 8. Dezember 1952

Rom, 7. Dezember. Theophil Thorndike, ein Bankier aus Chicago, traf heute mit dem Flugzeug aus New York ein. Er behauptet, der Zwillingsbruder William Sailors zu sein, der am 3. Dezember von seiner Ehefrau ermordet wurde. Thorndike erklärte, die Verwandtschaft mit Sailor durch Dokumente beweisen zu können. Leute, die William Sailor kannten, halten die Ähnlichkeit zwischen ihm und Thorndike für erstaunlich. Thorndike beauftragte einen Anwalt mit der Verteidigung von Mrs. Sailor und veranlaßte, daß sie bis zur Verhandlung in einem Einzelzimmer des Sanatoriums ›Villa Igea‹ untergebracht wird.

Sicher hatte man ihr von meiner Ankunft berichtet. Aber sie hatte wohl nicht zugehört, ihre Gedanken schweiften leicht ab. Und als ich die Tür öffnete, schien sie völlig unvorbereitet. Sie starrte mich an, vergrub das Gesicht in den Händen, starrte wieder – ratlos. Sie fuhr von dem rotgepolsterten Sessel auf, in dem sie gesessen hatte, wich, blindlings hinter sich tastend, zum rotgerahmten Fenster zurück, starrte mich unablässig an, durch mich hindurch, auf die rot ragende Wand. Sie lehnte am Fenster und kühlte ihre Handflächen an der Scheibe. Ihr schwarzes, offenes Haar fiel über ihre schwarzen Schultern. Ihr Gesicht war bleich und verzerrt. Eine zum Feuertod verurteilte Hexe, ein armes, krankes, leidendes Kind. Gehen Sie, zischte sie, bitte gehen Sie, lassen Sie mich in Ruhe.

»Guten Tag, Martha.« Der gelassene, geläufige Geschäftston klang völlig fehl am Platz. »Ich bin Wills

Bruder, Phil Thorndike aus Chicago. Hat man es Ihnen nicht gesagt?« Doch es war kein Laut mehr aus ihr herauszubekommen. Sie stand da, schwarz, verkrampft, ein kahler Baum vor dunklem Himmel. Eine Viertelstunde, vielleicht eine halbe Stunde; inzwischen brach die Nacht herein; ich stahl mich zur Tür und schlüpfte hinaus.

Am nächsten Morgen brachte er ihr Rosen und Pralinen. »Hallo, Martha, Sie sehen gut aus heute. Haben Sie gut geschlafen? Es war kalt in Chicago, als ich abflog – stellen Sie sich vor, die Tragflächen der Maschine waren völlig vereist. Der Start war nicht einfach. Hat er Ihnen je gesagt, daß er einen Bruder hatte? Vielleicht wußte er es überhaupt nicht. Ich konnte mich auch nicht recht erinnern, aber ich wußte es irgendwie – selbst als ich ihn mir längst nicht mehr vorstellen konnte. Dad sprach davon, von ihm und von unserer Mutter; wir hatten Bilder und das Tagebuch unserer Kinderzeit. Ich zeige es Ihnen; sehen Sie, hier. Ich habe ein Exemplar von ›Kein Haus für Fremde‹ gekauft und angefangen, es zu lesen. Er muß ein zäher Bursche gewesen sein. Wissen Sie – ich wollte auch immer schreiben. Habe auf dem College sogar ein paar Literaturkurse mitgemacht. Aber dann lernte ich Martha kennen – meine Frau hieß gleichfalls Martha – und bekam eine Stellung bei der Morris Trust Company; nebenbei studierte ich Jura, und dann blieb mir wohl nicht mehr genug Zeit für andere Dinge. Warum nehmen Sie nicht eine von diesen Pralinen? Rauchen Sie? Stellen Sie sich vor, ich kenne keine Menschenseele hier in Rom. Wenn es auch überall amerikanische Bars gibt, ›Hot

Dogs‹ de luxe, und die Römer nehmen das so ernst –
offenbar ist es der letzte Schrei. Mir gefällt's nicht.
Ständig Leute, die mich anstarren – ›das muß William
Sailors Bruder sein‹; sehe ich Will denn wirklich so ähnlich?«

»Wann werden Sie endlich den Mund halten?«

»Hallo, Martha. Geht es Ihnen heute besser?«

»Wie lange wollen Sie eigentlich noch hier herum-
lungern?«

»Gott, Martha – ich möchte bleiben, solange es nötig
ist. Ich möchte Ihnen helfen … Übrigens habe ich Wills
Buch gelesen. Mögen Sie es, Martha?«

»Ich hasse es. Ich hasse Will. Ich hasse Sie beide …
Ach, gehen Sie nicht, bitte, gehen Sie nicht.«

Martha weinte. Krampfhaft, voll Angst. Das Gesicht
auf dem Arm auf dem rotpolierten Krankenhaustisch. Ihr
Rücken bebte. Tränen füllten die Nase, würgten im
Hals. Hinter der Tränenmauer versank die Welt, zitternd,
mit jedem langen, qualvollen Schluchzen endend. Leere
brach ein, legte sich enger und enger um ihre nassen
Schläfen, ihre gepreßten Lungen. Tränen auf Phils Hand,
die ihr beruhigend über die zuckenden Schultern strich.
Armes Kind, sagte er; ich weiß. Ich weiß alles. Weine nur.
Weine alles aus dir heraus. Ihre Hand streichelte sein
Gesicht, blind, dankbar. Dann weinte sie plötzlich nicht
mehr. Die Narbe, sagte sie. Die Narbe auf Ihrer Wange –
auf Ihrer rechten Wange. Sie starrte ihn voll erneuten
Grauens an.

»Nichts. Ein Unfall. Ein Zusammenstoß. Vor drei
Monaten. Alles inzwischen verheilt.«

MARTHA: Guten Morgen, Phil. Nett, daß Sie so früh kommen.

PHIL: Gut geschlafen?

MARTHA: Natürlich, danke. Und Sie?

PHIL: Ich bin früh aufgestanden und habe einen Gang durch die Stadt gemacht.

MARTHA: Eine wunderbare Stadt.

PHIL: Die Leute sitzen vor den Cafés auf der Straße.

MARTHA: Auf der Via Veneto.

PHIL: Und das im Dezember. In Chicago toben Schneestürme.

MARTHA: Das Licht hier läßt die roten Steine leuchten.

PHIL: Man läuft, stundenlang. Läuft und verläuft sich.

MARTHA: Von einer Entdeckung zur nächsten.

PHIL: Und das gefällt Ihnen nicht?

MARTHA: Es gefiel mir.

PHIL: Wie lange leben Sie eigentlich schon hier, Martha?

MARTHA: Sieben – fast acht Jahre. Tatsächlich. Fast acht Jahre.

PHIL: Sie haben Will in Rom kennengelernt.

MARTHA: Bei Dermott McDermott.

PHIL: Sie kennen Dermott?

MARTHA: Natürlich. Ich lebte bei ihm – bei ihm und Freddy.

PHIL: Ach, Freddy. Das geht nun schon seit Jahren.

MARTHA: Er zahlt Freddy neunzig Dollars im Monat.

PHIL: Nur für das Vergnügen, mit ihm zu schlafen.

MARTHA: Freddy – eine verpfuschte Existenz.

PHIL: Ich weiß wirklich nicht, was Dermott an ihm findet.

MARTHA: Manchmal spricht er tagelang kein Wort mit Dermott.

PHIL: Ich nehme an, er haßt Dermott. Vielleicht bringt er ihn eines Tages um.

MARTHA: Wenn Dermott sich anziehen und ins Theater gehen will, dann weigert sich Freddy, sich zu rasieren. Strolcht in schmutzigen Hosen herum. Geht auf die Straße und unterhält sich mit den Huren.

PHIL: Käse auf Makkaroni.

MARTHA: Im Haus tut er nicht einen Handschlag. Das Badezimmer war immer schmutzig. Er verbrauchte das letzte Stückchen Seife.

PHIL: Den letzten Fetzen Toilettenpapier.

MARTHA: Und kam nie auf den Gedanken, neues hinzuhängen.

PHIL: Nie. All das mußten Sie tun.

MARTHA: Sie lachen? Langweile ich Sie? Es scheint so – ich langweile Sie.

PHIL: Durchaus nicht, Martha.

MARTHA: Will lachte so – gerade als die Pistole losging.

PHIL: Gerade so lachte er?

MARTHA: Sie haben es beinah getroffen. Sie sind beinah tot. Sie haben mir Angst gemacht. Tun Sie es nicht wieder, Phil. Ich muß vorsichtiger sein. Das darf nicht wieder vorkommen, Phil, ich habe Angst.

PHIL: Und wie kamen Will und Dermott miteinander aus?

MARTHA: Zuerst großartig. Das heißt, Will bewunderte Dermott.

PHIL: Und Dermott läßt sich gern bewundern.

MARTHA: Für Will war Dermott ein wirklicher Schriftsteller – ein Künstler. Jedes Komma, das Will schrieb, mußte Dermott nachprüfen …

PHIL: Armer Will. War er denn selbst kein wirklicher Schriftsteller?

MARTHA: Nur Reißer, sehen Sie; außerdem sagte er, er könne keine einzige Sprache.

PHIL: Hindi muß er gekonnt haben; als Kind.

MARTHA: Er hatte es vergessen. Und Englisch hat er nie gelernt. Bis auf das, was er unter Seeleuten aufgeschnappt hat.

PHIL: Aber er wird viel gelesen haben.

MARTHA: Sicher. Nur – das war nicht *seine* Sprache. In letzter Zeit fing er an, es mit dem Italienischen zu versuchen.

PHIL: Dann hatte er keine Sprache.

MARTHA: Und das, meinte er, beeinflußt das Denkvermögen.

PHIL: Entwurzelt also. Herumgestoßen in Welten, Glaubensbekenntnissen, Systemen. Entwurzelt. Wie wir alle.

MARTHA: Und wie er sich vor Dermott aufspielte! Er gab sinnlose Mengen Geld aus und erzählte ihm dann, wie viele Exemplare seines letzten Buches verkauft wären und in wie viele Sprachen man es übersetzt hätte.

PHIL: Was Dermott natürlich kalt ließ.

MARTHA: Er behauptete sogar, die persische Fassung läse sich am besten, wenn die Übersetzung auch ein paar kleine Fehler enthielte.

PHIL: Purer Snobismus.

MARTHA: Ich habe keine Ahnung, weshalb er damals mit mir anfing; ob er sich wirklich etwas aus mir machte oder ob er glaubte, Dermott damit treffen zu können. Wissen Sie – er war zugleich eifersüchtig auf Dermott.

PHIL: Und Sie?

MARTHA: Ich weiß es nicht. Ich weiß es wirklich nicht. Er sagte, er würde mir eine Rolle in seinem neuen Fernsehspiel verschaffen. Eine Rolle, nur für mich geschrieben. Er war wie Sie – großartig. Bitte, sterben Sie nicht noch einmal; bitte nicht.

PHIL: Es ist spät, Martha; ich muß gehen. Gleich kommt Ihr Lunch. Ist das Essen halbwegs genießbar? Was soll ich Ihnen morgen mitbringen? Schön, Martha, also glasierte Maronen. Bis Morgen, Martha.

Im Grunde nicht übel, das Mädchen. Einfach, aufrichtig, herzlich, unter der Oberfläche eine gewisse natürliche Großzügigkeit. In ihrer Karriere völlig fehl am Platz. Irgendwie hineingeschlittert. Was hat sie dazu gebracht, Will etwas so Entsetzliches anzutun?

Meine Martha war anders. Böse von Anfang an. Erreichte, was sie wollte. Zuerst wirkte sie recht nett und tatkräftig. Eine gutaussehende, hochgewachsene Blondine.

Tot. Zerstört. Kaputt. Nichts mehr zu machen. Mir aus den ungeschickten Händen geglitten. Eine harte Leere hinterlassend, eine harte, weiße Leere, die noch ihre Form zeigt und jeden Menschen, der durch sie emportauchen will, in diese Form zwängt.

Die anderen Mädchen im Büro mochten sie freilich nicht. Mit dem Boss kalbern und die Kälber kommandieren. (Das ist nicht schlecht. Muß ich Martha erzählen; welcher Martha?) Sie wußte, was sie wollte. Hatte mich im Handumdrehen eingefangen. Und dann die Allergien. Bevor sie mich hatte, schien sie nie darunter gelitten zu haben. Aber hinterher. Endlose Qual und qualvolles Ende.

149

PHIL: Hören Sie, Martha, was mir gestern auf dem Heimweg einfiel: ›Mit dem Boss kalbern und die Kälber kommandieren.‹ Gut, nicht?

MARTHA: Wie, bitte? Wer?

PHIL: Nun, irgendwer. Das heißt – ich dachte an meine Frau, als sie noch im Büro arbeitete. Ich weiß nicht, ob Sie es sich vorstellen können. Sie glich Ihnen nicht im mindesten: völlig kalt, berechnend.

MARTHA: Also nur der Name.

PHIL: Der schafft keine Beziehung.

MARTHA: Vielleicht doch.

PHIL: Es gibt viele, die Martha heißen.

MARTHA: Und eine Ur-Martha.

PHIL: Was macht das schon aus?

MARTHA: An allen, die Martha heißen, ist etwas von Verdammnis.

PHIL: Vielleicht.

MARTHA: Eltern sollten vorsichtiger sein.

PHIL: Der Name, den sie wählen, prägt Lebensweg und Schicksal.

MARTHA: Ich wollte, ich hieße … Mir fällt kein passender Name ein; aber stellen Sie sich vor, ich hieße … – ach, alles wäre anders gekommen. An allen, die Martha heißen, ist etwas von Verdammnis.

PHIL: Wenn man an meine Martha denkt, stimmt das. Ein Höllenleben.

MARTHA: Was hat sie Ihnen angetan?

PHIL: Allergien. Zimmer mit Klimaanlage, Sauerstoffzelte. Dämpfe, Umzüge, entlassene Pflegerinnen.

MARTHA: Aber wenn sie krank war …

PHIL: Ich konnte keine Einladung annehmen.

MARTHA: Oder Gäste mit ins Haus bringen.

PHIL: Sie wurde unfehlbar krank. Sie rief im Büro an, ließ mich aus Sitzungen holen.

MARTHA: Und wehe, wenn Sie nicht rechtzeitig nach Hause kamen.

PHIL: Sie machte mir das Leben zur Hölle.

MARTHA: Und keine Möglichkeit, sie loszuwerden.

PHIL: (Ich wurde sie los.) Sehen Sie – wenn man der Sohn eines Missionspfarrers ist, hat das Wort Scheidung keinen guten Klang.

MARTHA: Ach, ich glaube, sie wollten es nur nicht anders. Es gibt Leute, die müssen einfach die Hölle im Haus haben. Sehen Sie, Will ...

PHIL: Haben Sie Will auch so behandelt?

MARTHA: Ich weiß es nicht. Vielleicht sorgte ich mich um ihn, seit er angefangen hatte, so viel zu trinken.

PHIL: Sie sagten ab, wenn er zum Essen eingeladen war?

MARTHA: Weil ich nicht wollte, daß ihn die Leute so betrunken sahen.

PHIL: Begründungen finden sich immer.

MARTHA: Weil er bei der Marchesa Marchesani mit beiden Händen in die Salatschüssel gegriffen hatte.

PHIL: Wenn es nichts Schlimmeres war ...

MARTHA: Und dann wurde er streitsüchtig. Wie hat er sich nicht mit Dermott gestritten, wenn sie beide betrunken waren! Er war unausstehlich.

PHIL: Worüber stritten sie?

MARTHA. Über Politik, stundenlang, Imperialismus, Sozialismus und dergleichen.

PHIL: Nun, wie Dermott zu diesen Dingen steht, weiß ich.

MARTHA: Dann können sie sich auch vorstellen, was

geschah, als er sagte, die Inder wären ein minderwertiges Volk.

PHIL: Das hat er gesagt?

MARTHA: Und ihre Kinder würden blind, weil sie zu faul wären, die Fliegen von ihren Augen zu verscheuchen. Er sagte, sie säßen einfach da und ließen die Fliegen ihre Augen fressen …

PHIL: Vielleicht stimmt das. Ich habe auch davon gehört.

MARTHA: Sie wissen – er hat jahrelang unter ihnen gelebt, unter Straßenkindern, nach dem Erdbeben – ein Mädchen namens Maharata hatte ihn aufgelesen und für ihn gesorgt, so gut es konnte; er sagte, wenn er weniger verkommen wäre als diese Leute, so nur, weil etwas in ihm steckte – der Stoff, aus dem Männer gemacht werden …

PHIL: Ich bin vom gleichen Stoff; das kann ich Ihnen versichern.

MARTHA: Er sagte, mit sozialen Ordnungen hätte das nichts zu tun. Die britischen Beamten in Indien hätten erstklassige Arbeit geleistet. Sie waren hart.

PHIL: Dieses Gerede – Härte! Das ist doch dummes Zeug. Ich und ich und ich. Kennen Sie diesen Mythos, der bei Platon vorkommt?

MARTHA: Ich glaube nicht. Welchen Mythos?

PHIL: Ursprünglich, so heißt es, gab es weder Männer noch Frauen.

MARTHA: Sondern andere, merkwürdige Wesen.

PHIL: Männlich und weiblich zugleich.

MARTHA: Sie müssen vier Arme gehabt haben.

PHIL: Und vier Beine. Und so weiter.

MARTHA: Ich frage mich, ob sie dabei glücklich waren …

PHIL: Bis ein harter Gott sie eines Tages spaltete.

MARTHA: Mann und Mädchen trennte.

PHIL: Und seither haben sie einander unablässig gesucht.

MARTHA: Worauf wollen Sie hinaus, Phil?

PHIL: Es ist die Geschichte von Will und mir.

MARTHA: Eines Tages von einem harten Gott getrennt?

PHIL: Eine Laune des Schicksals.

MARTHA: Ihr hättet eins sein sollen; seid eins. Hören Sie auf zu sterben. Bitte – sterben Sie nicht noch einmal.

PHIL: Unter 86 Fällen kommt es einmal vor: Zwillinge; unter 86 mal 86 Fällen einmal: Drillinge. Unter 86 mal 86 mal 86 Fällen einmal: Vierlinge. Weiß der Teufel, weshalb; aber es ist nun einmal so.

MARTHA: Und Sie mußte es treffen.

PHIL: Sonst wäre es unter siebenundachtzig Fällen nur einmal vorgekommen.

MARTHA: Das Gesetz wäre umgestoßen.

PHIL: Ein falsches Intervall, eine Dissonanz; mir gellen die Ohren, wenn ich nur daran denke.

MARTHA: Es ging wohl nicht anders.

PHIL: Der neue Gott heißt: Statistik.

MARTHA: Sie sind nicht recht bei Trost, Phil!

PHIL: Das ganze Gerede von voller Männlichkeit – nur, damit der halbe Mensch unentlarvt blieb.

MARTHA: Und im Grunde waren auch Sie einsam, klein und verängstigt …

(Im Raum war es dunkel geworden).

»Hören Sie, Martha, Dr. Rosselli sagt, die Verhandlung wäre für nächsten Monat angesetzt – also heute in einem Monat; er ist sicher, daß alles gutgehen wird. Er sagt, er

brauchte nicht einmal auf zeitweilige Unzurechnungsfähigkeit zu plädieren – schließlich kam Ihr Nervenzusammenbruch erst hinterher; er stellt Ihre Verteidigung
auf Notwehr ab – nichtvorsätzlicher Totschlag in Notwehr. Die einzige Schwierigkeit, sagt er, läge darin, daß es
keine Zeugen gäbe und daß Sie unter der Wirkung von
Drogen standen; er hofft, die Klippe umschiffen zu können. Aber Sie sollten mir jetzt alles erzählen. Die ganze
Geschichte. Das könnte sehr nützlich sein. Trauen Sie sich
zu, mir alles zu erzählen?«

»Ich will's versuchen. Aber es ist eine lange Geschichte – hoffentlich bekomme ich sie zusammen. Mit
Will wurde es immer schlimmer. Er trank fürchterlich.
Eine Zeitlang ließ er sich einen Bart stehen und trug eine
dunkle Brille. Er sah aus, als wäre er schwerkrank; ich
wollte, daß er zum Arzt ginge, aber er sagte, er wüßte,
daß ich ihn umbringen wollte – das sagte er ständig. Er
flüsterte es mir sogar nachts ins Ohr. Er hatte die sonder-
barsten Ideen.«

»Was für Ideen?«

»Zeitweilig bildete er sich ein, er – stänke. Das war,
bevor er sich den Bart stehen ließ. Später war es ihm
dann gleichgültig. Aber damals wechselte er ständig die
Wäsche, verlangte, daß sie gekocht würde, roch an seinen
Hemden, Jacken und Kissenbezügen. Ständig kaufte er
sich neue Mundwässer und Zahnpasten; und wenn es
irgendwo nicht gut roch, im Postamt zum Beispiel, sagte
er ganz laut: ›che puzzo, wie es hier stinkt!‹ Natürlich
sahen ihn alle Leute an, aber gerade darum ging es ihm:
alle sollten wissen, daß er es nicht war. Im Restaurant ließ
er den Kellner immer das Fenster aufreißen – ›ich rieche

Schweißfüße‹, pflegte er dabei zu verkünden, und wenn sich die Dame am Nebentisch über Zugluft beschwerte, sagte er: ›Meine Dame, wenn ich in Ihren Schuhen steckte – und ich meine wörtlich, was ich da sage –, würde ich ein bißchen frische Luft zu schätzen wissen!‹ Manche Leute merkten es einfach nicht, sagte er, weil sich der Geruch verzieht und nicht in die eigene Nase steigt; das habe er schon oft festgestellt. Es war ziemlich peinlich.«

»Was gibt es da zu kichern, Martha? – Armer Will.«

»Und wenn ich die Tür zu seinem Zimmer öffnete, sagte er: ›Warum kommst du nicht herein, stinkt es hier?‹ – Und wie ich schon sagte, es wurde immer schlimmer mit ihm. Er blieb die ganze Nacht auf und versuchte zu arbeiten: dann schlief er wieder tagelang. Er schrie mich an, selbst wenn andere Leute dabei waren. Er warf mit Gegenständen nach mir. Mit dem Telefon. Meist hatte er es abgestellt. Wenn ich einmal vergaß, es abzustellen, und es läutete, dann hob er ab, gurrte ›gugleguglegu‹ in die Muschel und hieb mir dann den Hörer über den Kopf …«

»Er tat, was er konnte, etwas anderes aus Ihnen zu machen, als Sie waren.«

»Nun, ich glaube, ich wurde auch gemein – wissen Sie, dergleichen ist ansteckend. Ich zerschlug seine Flaschen, und dann sah ich zu , wie er den Whisky vom Fußboden aufleckte …«

»Wie abscheulich, Martha.«

»Und dann kam die Geschichte mit Freddy. Das war das Ende.«

»Was heißt ›die Geschichte‹?«

»Nun – ich hatte etwas mit Freddy.«

»Sagten Sie nicht, daß Sie ihn nicht ausstehen konnten?«

»Ich erzähle es Ihnen gleich. Vorher muß ich noch von Licky erzählen. Arme Licky. Sie war so klug …«

»Wer war Licky?«

»Eine kleine Dalmatinerhündin. Das hübscheste Tier, das Sie sich vorstellen können – Dermotts Hochzeitsgeschenk. Nun, Licky war läufig; wir hielten sie in meinem Schlafzimmer eingeschlossen. Wenn man nicht mit dem Schlüssel zuschloß, konnte sie alle Türen aufmachen, so klug war sie. Ich brachte sie hinunter, drei, vier Mal am Tag, an der Leine natürlich, und ließ sie keine Minute aus den Augen. Als sie in der dritten Woche war – gerade die gefährlichste Zeit – kam ich eines Abends nach Hause, und Licky rannte wie verrückt auf der Straße herum, keuchend, mit hängender Zunge; Will tat, als wäre überhaupt nichts passiert. ›Du lieber Gott, Will‹ sage ich, ›hast du ganz und gar den Verstand verloren?‹ Er war völlig betrunken. ›Nun mach nur keine Szene‹, sagte er. ›Außerdem hat ein Straßenköter sie erwischt, ich hab's gesehen‹, sagte er, ›aber wenn schon, hol's der Teufel. Ich bringe das in Ordnung‹, sagte er, ›mach nur keine Szene.‹ Er holte eine Spritze vom Tierarzt – Ergotinin; wahrscheinlich hat er es ihr falsch gegeben, auf jeden Fall aber viel zu viel – drei Kubik hätte er ihr geben müssen, und er gab ihr mindestens zehn. Arme Licky – ihr Herz war nicht mehr kräftig genug, seit sie die Staupe gehabt hatte; was wir mit dieser Hündin durchgemacht haben. Tag und Nacht, von den Ausgaben für Medikamente und den Tierarzt nicht zu reden – aber sie hatte ein schwaches Herz von der

Staupe, und nun die falsche Spritze: es war viehisch, wie sie starb.«

»Wie entsetzlich.«

»Ich erzähle Ihnen das alles nur, weil er mit mir genau das gleiche gemacht hat. Er hat es praktisch arrangiert. Er brachte es immer wieder zustande, daß wir zusammenkamen.«

»Und weshalb?«

»Vermutlich genügte es ihm nicht, mich Dermott weggenommen zu haben. Er wollte ihm Freddy auch noch wegnehmen.«

»Aus purer Bosheit also.«

»Und Eifersucht. – Jedenfalls kamen Dermott und Freddy eines Abends herüber. Will sagte – er war ordentlich angezogen und trug sogar einen Hut – er sagte, Dermott müßte mit ihm zu einer außerordentlich wichtigen Sitzung des PEN-Clubs; er bemühte sich gerade, dafür zu sorgen, daß Dermott irgendein hochdotierter Preis zugesprochen würde; aber Freddy und ich, sagte er, könnten nicht mitkommen, wir wären nicht Mitglieder, wir sollten nur zu Hause warten und ein paar Platten hören, es wäre auch eine neue Flasche Scotch da. Als die Flasche nur noch halb voll war, fühlte ich mich derart angeödet und betrunken – schließlich hatten wir uns nicht das Geringste zu sagen –, daß ich wohl versucht haben muß, Freddy zu verführen. Freddy wußte kaum, wie ihm geschah; mit einem Mädchen – das war in seiner Praxis noch nicht vorgekommen. Noch bevor wir es wußten …«

»Du lieber Gott!«

»Als wir feststellten, daß ich schwanger war, wurde Will so widerlich, daß es kaum zu beschreiben ist. Nicht, daß er wütend geworden wäre oder sich aufgeregt hätte – er wurde nur kalt und zynisch; einfach ekelhaft. ›Entweder verschwindest du hier‹, sagte er, ›oder ich sorge dafür, daß du etwas dagegen unternimmst.‹ Er wollte kein Kind von Freddy in seinem Haus, sagte er; tatsächlich wollte er überhaupt kein Kind. Mir war so elend und übel, daß ich zu ihm sagte, es wäre mir einerlei, solange er sich nur um alles kümmerte. Und das tat er dann auch. Aber ich hatte hinterher ständig Schmerzen, und dann besorgte er mir Morphium – mir war einfach gräßlich zumute. Und diese Sizilianerin, die zum Saubermachen kam, wußte über alles Bescheid. Sie war klein und schwarz und hatte stechende Augen. Das Klappern ihrer Holzpantinen höre ich heute noch; und dauernd zischte sie mir zu: ›ammázzalo, machen Sie Schluß mit ihm!‹«

»Sizilianer sind damit schnell bei der Hand.«

»Da war Wills eigene Besessenheit; und dann das ständige Geflüster dieser Sizilianerin – mit der Zeit gewöhnte ich mich an den Gedanken.«

»Und haben Sie ihn wirklich umbringen wollen?«

»Ich glaube, ich wollte im Grunde überhaupt nichts. Eines Abends sagte ich, ich wollte, ich wäre gestorben wie Licky. ›Aber Licky war wenigstens eine anständige Nutte‹, sagte er. Da nahm ich die Pistole von seinem Schreibtisch – ich saß neben seinem Schreibtisch – und richtete sie auf ihn. Ich wußte nicht, ob sie geladen war – wie man eine Pistole abfeuert, hätte ich ohnehin nicht gewußt. Ich hielt sie nur auf ihn gerichtet. Er hatte plötzlich ein Jagdmesser in der Hand, sprang auf mich zu und spie wie eine Katze: ›Umbringen willst du mich – das hast du dir so gedacht!‹ Und er lächelte. Ich weiß nicht – lag es daran, daß er noch nicht ganz so entschlossen war, wie er glaubte, oder daran, daß er das Messer in der rechten Hand hatte – Sie wissen, er war Linkshänder – jedenfalls ließ ich die Pistole fallen und versuchte, ihm das Messer zu entwinden. Wie ungeschickt und schwach er war, wird mir erst jetzt richtig klar; er schlitzte sich praktisch selbst die Wange auf – die linke Wange – und dann glitt das Messer ab und steckte in seinem linken Arm. Er schrie auf und fuhr zurück, um es herauszuziehen; ich hob die Pistole auf und richtete sie auf ihn – für den Fall, daß er mich wieder angriffe. Ich weiß nicht, wie es kam: aber die Pistole ging los, und das war es dann.«

»Ach, Martha, armes, armes Kind – nicht weinen jetzt. Es ist allzu entsetzlich für Worte. Es ist sogar entsetzlicher, als Sie wissen können. Aber nun ist es vorbei. Arme Martha – es ist nicht Ihre Schuld; alle werden es einsehen. Hier: die Narbe auf meiner Wange, meiner rechten Wange, mein rechter Arm war gleichfalls schlimm zugerichtet. Sie fragten mich am ersten Tag, wovon das käme. Jetzt will ich es Ihnen sagen. Es ist gespenstisch. Martha, meine Frau, war auch schwanger. Aber sie wollte durchaus kein Kind. ›Wenn du es selber stillen willst, kannst du es haben‹, sagte sie zu mir. Ihr Mund war bleich, ihr Gesicht gespannt, ihre Augen sprühten Gift.«

»Aber vielleicht war sie wirklich krank …«

»Bei dem Personal, mit dem man hier auskommen muß, sagte sie; ich verlöre Jahre, wenn ich jetzt anfinge, das Kindermädchen zu spielen. Aus wäre es mit dem geselligen Leben, aus mit Vorträgen und Kursen. Und wo ich ohnehin so krank und zart bin, sagte sie. Meine Allergien. Immer zu Hause angebunden sein. Aber ich weiß, gerade das wolltest du, sagte sie. Sie ließ sich nicht davon abbringen.«

»Aber wenn es ihr nun wirklich schlecht ging ...«

»Sie sagte sogar: woher willst du wissen, ob es dein Kind ist? Sie sagte es aus purer Bosheit. Nichts sprach dafür, daß es nicht mein Kind war. Ich glaube, sie wäre viel zu selbstsüchtig gewesen, um sich in all die Schwierigkeiten zu stürzen, all die Qualen und Aufregungen durchzumachen, die sich ergeben, wenn man einen Liebhaber hat ...«

»Und wenn sie dazu einfach nur zu anständig war?«

»Weshalb versuchen Sie, für sie einzutreten?«

»Sie ist tot.«

»Ich weiß. Ich weiß. Sie flatterte im Morgenrock herum und verbreitete den Geruch, den gewisse Damen in der Frühe an sich haben – Sie wissen, eine Mixtur aus Parfum, Puder, Fettcreme, Schlaf und etwas Kaffee ...«

»Sind Sie auch empfindlich gegen Gerüche?«

»Machen Sie keine Witze – merkwürdig ... Daran habe ich noch nie gedacht. Aber was hätten Sie zu ihr gesagt?«

»Daß sie sich zum Teufel scheren soll – das heißt, ich glaube, Sie hätten sie trösten sollen, sie ermutigen, ihr sagen, es würde bestimmt ein prächtiges Kind sein.«

»Ach, hören Sie ...«

»Und was haben Sie ihr gesagt?«

»Mir war das Ganze allmählich so zuwider ... diese unselige Kreatur, dachte ich ... und so sagte ich nur: du mußt wissen, was du tust, meine Liebe. Das ist dein Problem. Sieh zu, wie du es löst.«

»Und sie?«

»Ich habe noch nie jemanden so grün werden sehen. Vermutlich erwartete sie, daß ich sie kniefällig anflehte, es nicht zu tun. Aber mir war nun einmal nicht danach.«

»Sie unternahm also etwas?«

»Ich sah sie erst wieder, als alles vorbei war; sie fühlte sich elend und haßte mich dafür. Vielleicht war alles meine Schuld.«

»Was wollen Sie damit sagen – Ihre Schuld? Wenn Will fast zur gleichen Zeit das gleiche erlebte?«

»War es etwa nicht seine Schuld? Hat er sich nicht einfach gemein benommen?«

»Aber wie kann es seine Schuld gewesen sein, wenn es Ihnen auch widerfahren ist?«

»Wessen Schuld war es dann?«

»Ich glaube, Schuld ist hier nicht ganz das rechte Wort.«

»Ah – jetzt kommen Sie dem Punkt schon näher, zu dem ich Sie bringen wollte: schließlich waren auch *Sie* nicht schuldig …«

»Erzählen Sie weiter.«

»Ich bin fast fertig. Wir sahen uns danach nicht mehr oft. Wir sahen auch keine anderen Leute. Nur einmal – ich nahm eine Einladung zum Essen an, bei den Wilcox' in Winnetka. Sie würde die Wilcox' gern besuchen, sagte Martha. Es war ein Sonntag, so neblig, daß man auf Armeslänge die eigene Hand nicht mehr sehen konnte; wir nahmen die Umgehungsstraße.«

»Sie wohnten am Südrand?«

»Ja. Und gleich nach der Unterführung an der dreiundfünfzigsten Straße – ein verrückter Fahrer, der im Nebel einen anderen überholte. Er kam mit voller Geschwindigkeit frontal auf uns zu. Ich sah ihn erst kommen, als er uns schon in den Wagen krachte. Alle drei Fahrzeuge zertrümmert. Vier Leute übel zugerichtet. Nur Matha tot.«

»Und Ihnen war, als hätten Sie sie umgebracht.«

»Natürlich. Ich begreife nur immer noch nicht, wie … Sehen Sie, damals hieß es: sie oder ich. Wäre der Wagen nach rechts geschwenkt, wie es eigentlich hätte sein müssen, so wäre ich tot gewesen und sie verletzt. Aber ich schwenkte nach links, weiß der Himmel, wie; als sie sah, was geschah, hat sie vielleicht ins Lenkrad gegriffen und es herumgerissen. Vielleicht tat ich es auch selber. Ich weiß es wirklich nicht.«

»Genau wie bei Will und mir. Dieser Moment der Unentschiedenheit.«

»Unentschiedenheit in längst entschiedener Sache.«

»Es hieß: er oder ich; und ich weiß nicht, weiß immer noch nicht, wie es kam, daß er es war …«

»Und dabei wurde er links verletzt und ich rechts.«

»Es mußte so kommen. Aber können Sie mir sagen, WARUM?«

»*Karma*. Alles war schon da. Unveränderlich. Zwei Hälften, die nur gemeinsam ein Ganzes ergeben.«

»Danke, Dr. Rosselli, Martha geht es schon viel besser. Ich bin froh, wenn Sie meinen, daß unser Material sich vielversprechend anläßt.«

»Ich denke, daß Mr. McDermotts Aussage uns nützen wird. Schließlich kennt er Martha seit langem; er sah sie regelmäßig bis zum Tage des – Unfalls.«

»Und die Aufwartefrau will gleichfalls aussagen.«

»Auch das wird von Nutzen sein.«

»Und was mich betrifft, *avvocato,* so habe ich auch
eine kleine Erklärung vorbereitet. Ich weiß nicht, ob Sie
etwas damit anfangen können – nur ein paar Gedanken
zur Sache, die mich beschäftigen – so, wie ich die Dinge
sehe … nun, ich habe sie niedergeschrieben. Für alle Fälle,
avvocato, hier ist sie.«

Zwillingsschrei

Ihr verhört Martha Egan Sailor wegen Mordes,
wenn auch niemand ihr offene Bosheit nachsagt;
aber je mehr über sie geredet wird
und je mehr sie über sich selbst redet,
desto ungünstiger entwickelt sich ihr Fall;
und sie ist nur noch eine Mörderin.

Warum bin ich nicht des Mordes angeklagt?
Ich tötete Martha durch einen Zusammenstoß;
dabei waren mir dienlich
all die Begleitumstände,
die auch mein Bruder nutzte –
und noch ein weiterer:
Gottes Gnade.

Sofern es Gnade ist, zu leben.
Kain lebte weiter, doch Abel starb.
Viel von Kain steckte in Will, viel Kain,
doch auch ein wenig Abel, denn er starb.
Viel von Abel steckte in mir, tüchtiger Abel,
doch auch ein wenig Kain: denn ich lebe.

Soweit war ich durchaus normal,
ein Mann, der auf beiden Füßen stand,
mit einer normalen Laufbahn,
sogar recht erfolgreich –
all das hielt ich für mein Verdienst
und für ein wenig Glück.

Mit einer Ehe, die zerbrach –
ich hielt es für meine Schuld
und ein wenig Ungnade.

So weit, so gut – vorerst gab es Sinn:
ein geschlossenes System der Erfahrung.

Auch Will entsprach durchaus seinem Typ,
ein Mann, der auf beiden Füßen stand,
mit typischer Karriere,
in sich durchaus sinnvoll,
und einer Ehe, die fehlschlug
und in Gewalttat endete –
eine alte Geschichte, die sich selbst genügt.

Ein zweites, geschlossenes System der Erfahrung:
laßt es gelten, und seine Mörderin ist eine Mörderin.
Doch extrapoliert die Fakten, intrapoliert
    die Systeme,
differenziert und integriert – es genügt nicht;
wer wüßte, wie weit zu intrapolieren ist, zu
    extegrieren,
in eins zu sehen,

bis sich die Wahrheit ergibt, ganz, komplex, infinit
    bis zur xten Potenz –
Schuld ist in solchen Gleichungen kein bestimmbarer
    Wert,
sie verringert sich, infinitesimal.

Ein gequältes Kind, den Finger am Abzug,
    ist für die Rechnung belanglos –
man hoffe nicht, das Gefüge der Incognita
    schmetternd zu stürzen,
indem man nur am gebrechlichen Bein des Bekannten,
    Verwandten herumsägt.
Laßt sie deshalb. Was immer ihr Anteil an –
    wie sagtet ihr – Schuld war:
im Kontext ihrer eigenen, geschlossnen Erfahrung
büßte sie fraglos.
Faktum ist, was hier geschah, geschah und mußte
    geschehen,
weil es in anderer Ferne schon einmal geschah.
Sein Wille, mein Wille sind eins über Zeiten und
    Räume,
und was meine Rechte tat, was ich meiner Rechten
    antat,
war nur ein Reflex
dessen, was seine Linke tat, was er ihr antat.
So war es stets zwischen uns, schriftlich bekundet.
(Beweisführung, Anlage A).
Das Mädchen ist damit entlastet, ihr einziger Fehler
ist, daß sie Martha heißt;
er belastet, verurteilt – wenn man so will –
    alle Marthas.

Wieder einmal bewies der blinde Zufall seine Voraussicht, indem er uns gestattete, diese Dinge in der Villa Igea
zu überdenken: eine Irrenanstalt bietet zweifelsohne das
angemessenste Milieu für derartige Entdeckungen. Ich
schrieb sie nieder; denn wenn es einerseits natürlich möglich ist, daß wir als Halbmenschen, die sich gegenseitig
bedingen, nur eine Laune der Natur sind, so ist es andererseits ebenso möglich, daß unsere, wenngleich extreme,
Erfahrung dennoch mehr oder minder typisch ist: daß
also Menschen, stolz auf ihre Leistungen oder erdrückt
von ihrer Schuld, gleichermaßen vermessen wären, wenn
sie sich frei wähnten, ohne es in Wahrheit zu sein. Mit den
verbindlichsten Empfehlungen, Ihr sehr ergebener ...

»Ach, Phil, Liebster – die Neuigkeit ist um eine Spur zu
gut.«

»Zu gut kann sie nicht sein, Martha. Was hat Dr.
Comedger gesagt?«

»Er hat gesagt, daß alles in Ordnung ist. Allgemeinzu-
stand ausgezeichnet, Blutbild gut, Gewicht befriedigend.
Und nun, Phil, die allzu gute Neuigkeit ...«

»Ja –?«

»Phil – es sind Zwillinge.«

III

ZWEI STUNDEN

Das Rattern der Eisenbahnräder ist wie die Form der Wolken. Man kann alles in ihnen sehen: Tiere, Akte, Seen, Profile. Man kann alles in ihnen hören: den letzten Satz von Beethovens Siebenter, Prokofieffs Violinkonzert.

Sie folgte dem Rhythmus, ihre Hand schlug ihn leicht auf dem weißüberzogenen Teil der Armlehne; sie atmete die Melodie, nur ihrem inneren Ohr vernehmbar – sicher nicht dem Mann, der eben hereinkam. »Free? Libre? Frei?« sagte er und ließ sich auf dem gegenüberliegenden Fensterplatz nieder.

Fort und fort und fort. Mit quälender Monotonie. Oder vielleicht der Bolero. Bäume glitten vorbei, Kühe, Frauen, die auf den Feldern arbeiteten; Telegrafendrähte liefen parallel, näherten sich einander, trennten sich wieder, stiegen und fielen wie Melodien. Und die Telegrafenpfähle und die Räder und die Häuser und die Bäume: kontrapunktierte Rhythmen.

Die Landschaft kreiste – vorn vorbeirauschend, während der Hoirzont langsam der Richtung des Zuges folgte. Ein sinnloser Kreis; ein böser Kreis; ein zeitloser Kreis. An dem die Geleise wie eine Tangente lagen, deren Berührungspunkt ständig weiterglitt: immer anders, immer gleich. Und der Rhythmus der Räder sang: immer gleich, immer anders, immer gleich. Immer anders, immer gleich.

»Darf ich einen Blick in die Zeitschrift werfen?« fragte sie. Und beharrte, weil sie nicht wußte, welche Sprache er verstand: »Zeitschrift? Journal? Gazette?«

»Bitte, bedienen Sie sich«, sagte er in einer Sprache, die man ohne weiteres verstand.

Das war der erste Schritt. Immer anders immer gleich. Immer anders immer gleich.

Sie blätterte. Doch der Rhythmus der Räder lenkte sie ab. Bis ihr Blick auf etwas fiel, das sie lächeln ließ. Jenes berechnete, berechnende Lächeln, das gern gefragt werden möchte: was ist denn so komisch?

Doch er sollte den nächsten Schritt tun.

»Rauchen Sie?« fragte er.

Sie nahm, dankte ihm. Er gab ihr Feuer.

Dann stellte sich heraus, daß sie wenig rauchte, er viel. Beide bevorzugten amerikanische Zigaretten.

Es stellte sich heraus, daß ihre Reise lang war und voll von Bildern, die sie schnell erfaßte.

»Ich bin Fotografin. Und Sie?«

»Ich bin Wissenschaftler.«

Wissenschaftler. Doch was für ein Wissenschaftler? Sie hatte nicht den Mut, ihn zu fragen. Nicht aufdringlich sein. Diskret sein.

Es stellte sich heraus, daß beide das Theater liebten. Sie interessierte sich mehr für Regie; er liebte guten Dialog. Er schätzte alte Musik; Musik, die ihr gefiel, nötigte ihm ein Lächeln ab. Sie kannte Indien nicht; er war dort gewesen. Beide fanden, daß Paris nicht mehr war, was es einst gewesen war; doch sie waren gänzlich verschiedener Ansicht über die Zukunft – wessen noch? Ich weiß es nicht mehr.

»Das wird es immer geben«, sagte sie. »Ohne das kommt der Mensch nicht aus.«

»Es wird sich ändern im Wechsel der Zeit«, sagte er. »Alles ändert sich.«

Und darüber vergaßen sie fast die Essenszeit.

Sie eilten durch viele Wagen: er öffnete die Türen, sie ließ sie hinter sich zuschlagen. Im Speisewagen waren sie die letzten; die Leute zahlten bereits, Tische wirkten abgegrast, der Geruch nach Essensresten, Zigarrenrauch und Bier hüllte sie ein.

»Sie müssen sich beeilen«, sagte der Kellner. »Wir sind bald da.«

Sie bestellte lässig – einen Drink, Hors d'œuvres, Fisch, Biskuit, Wein, Kaffee, Cognac. Er war genügsamer und wollte nur ein Omelett.

Es stellte sich heraus, daß sie exotische Gerichte und Gewürze bevorzugte, während er irgendwelcher Magenbeschwerden wegen Diät halten mußte. Er trank gern ein gutes Glas Wein, doch der Wein, den man hier bekam, war sauer – er verzichtete lieber. Sie mochte seine Hände, die müßig auf dem Tisch lagen, wenn er nicht aß. Sie verliebte sich in seine Hände, aber sie verriet es ihm nicht. Sie erzählte ihm nur, daß sie einmal einen Preis bekommen hätte: für eine Aufnahme von Händen. Händen eines Toten; eines großen, aber toten Mannes.

Die Zeit war knapp. Die Zeit verflog. Noch bevor sie gezahlt hatten, lief der Zug in den Bahnhof ein.

Pro forma widersprach sie, als er beide Rechnungen beglich.

»Nein, das sollen Sie nicht, weshalb denn auch«, sagte sie.

Doch er lächelte. Gewiß, sagte er, aber ihm läge daran, wenn sie nichts dagegen hätte. Und das Rattern der Räder wurde langsamer: im-mer-anders-im-mer-gleich, im-mer-anders-im-mer … Und dann ein schriller Pfiff.

Sie mußten in ihr Abteil zurück, ihr Gepäck holen und eilig zur Zollabfertigung hinüber. Es war jetzt fast dunkel, neblig und feucht und kalt.

Sie öffneten jedes Gepäckstück. Sie zerrten alles hoch, ließen es in wirrem Durcheinander wieder fallen. Daß ihre intimsten Wäschestücke vor seinen Augen ausgebreitet wurden, empörte sie. Hemden, Höschen. Doch als sie anfing, sie zu falten und wieder in den Koffer zu legen, hob sie alles hoch, breitete die Arme fast vor seinem Gesicht, wie um zu sagen: sieh nur. Die klare, nüchterne Ordnung in seiner Reisetasche gefiel ihr, und der Duft nach Lavendel.

»Ihre Deklaration?« sagte der Zollbeamte. Und es war jetzt fast dunkel, neblig und feucht und kalt.

»Haben Sie Geld bei sich?« fragte der Zollbeamte. »Sie müssen es hier hinterlegen. Hier ist die Quittung; Sie bekommen das Geld wieder, wenn Sie zurückfahren. Hier, oder an jedem anderen Grenzübergang.«

Sie hinterlegten ihr Geld. Unbeholfenes Hantieren – Münzen aus einem Fach, Scheine aus einem anderen. Die Leute, die inzwischen hinter ihnen Schlange standen, begannen zu drängen.

»Die Zeit ändert sich hier«, sagte der Zollbeamte. »Wir haben eine andere Zeit. Zwei Stunden Differenz.«

»Wie, bitte?« fragte sie.

»Sie müssen zwei Stunden hinterlegen«, sagte er. »Zwei Stunden Ihres Lebens. Hier ist die Quittung. Sie bekommen sie wieder, wenn Sie zurückfahren. Hier oder an jedem anderen Grenzübergang.«

»Welche zwei Stunden?« fragte sie verwirrt.

»Zwei Stunden, ganz nach Ihrem Belieben«, erklärte der Zollbeamte.

Die Menge hinter ihnen schwoll und wurde unruhig.

»Ah, gewiß«, sagte sie, und er nickte ermutigend.

Gewiß, dachte sie. Wer risse nicht mit Vergnügen zwei Stunden aus seinem Leben heraus – vergeudete Stunden, Stunden der Scham, Stunden kurzum, die man nie durchlebt haben möchte?

Die Menge hinter ihr schwoll noch immer: alle brannten darauf, ihre Stunden zu hinterlegen.

Vergangene Dinge rauschten an ihr vorbei – vorbei. Unerfreuliche Dinge. Böse Dinge. Neidvolle Stunden, treulose Stunden. Doch ging es an, sie zu lösen, sie herauszureißen? Während sie vorbeirauschten, blinzelte sie. Der ferne Horizont vergangener Dinge folgte unerbittlich dem Lauf ihrer Gedanken.

»Entschuldigen Sie – darf ich?« sagte eine widerliche kleine Person und versuchte sich vorzudrängen, um ihre Stunden zu hinterlegen.

Man kann nicht nachdenken; man kann sich nicht erinnern. Ein sinnloser Kreis. Ein böser Kreis. Ein zeitloser Kreis.

Ihr wurde schwindlig.

Da standen, vom Boden bis zur Decke, Reihen um Reihen von Regalen mit kleinen Schließfächern, in denen hinterlegte Zeit lagerte. Und auf jedem Fach stand, welche Stunden es enthielt: 2–4, 3–5, 15–17. Oft waren auch Nachtstunden angegeben. Offenbar neigten die Leute dazu, ihre Träume zu hinterlegen.

Nimm diese, vor ein paar Jahren. Sie versuchte zu denken. Einfach die ersten schlimmen Stunden, die ihr in den Sinn kamen. Doch sie mochte zerren, so hart sie konnte – sie ließen sich nicht herauslösen. So untrennbar waren sie mit den Stunden verbunden, die vor ihnen lagen – den Stunden, die diesen vorausgingen –, daß sie ihnen zuzugehören, ihnen entwachsen zu sein schienen. Und sie hielten die Stunden, die folgten, bis zu den eben erst vergangenen, mit tausend Sprossen und Ranken fest, ziehend, pulsierend. Alle Zukunft hockte breit und schwer auf diesen beiden Stunden. Wie hätte man sie herauslösen können? Wie konnte man sie auch nur um ein Weniges beiseiterücken, ohne daß alles Folgende einstürzte?

»Ich kann sie nicht herauslösen«, sagte sie, wischte sich den Schweiß von der Stirn und atmete einen tiefen Zug Lavendel aus der offenen Tasche, die vor ihr stand. Ihr Reisegefährte war noch da; auch er wartete. War auch er noch unschlüssig? Wartete er auf sie? Sie wußte es nicht.

»Also bitte, meine Dame«, sagte der Zollbeamte, »beeilen Sie sich.«

Die Menge hinter ihr war zu einer ungeheuren grauen Masse angeschwollen, formlos wie der Nebel, dem sie entströmt zu sein schien. Tausende ungeduldiger Hände streckten sich hinter ihr, an ihr vorbei, begierig, ihre Stunden abzuliefern.

Wie machen sie das nur, fragte sie sich. Ihr Leben ist ein zäher Schleim. Man schaufelt ein paar Stunden heraus, einerlei, wo, einerlei, wann; der Rest fließt wieder zusammen, eine gallertige Masse, der Eingriff hinterläßt keine Spur.

Eine graue, gallertige Masse, dachte sie. Vielleicht mit zahllosen gerieften Kernen, wie ein Armvoll Froschlaich – wie diese Menge hier.

Die Masse umflutete sie jetzt, drängte von allen Seiten heran, zwängte sich zwischen sie und den Reisegefährten. Ihre gierigen Hände streckten sich wie Amöbenfüße, jetzt hier, jetzt dort, um ihre überzähligen Stunden abzuwerfen.

Sie unternahm einen verzweifelten Angriff auf zwei andere Stunden ihres Lebens. Das Ergebnis war das gleiche. Sie rührten sich nicht. Verwurzelt in der Vergangenheit, gehalten vom ganzen Gewicht der Zukunft, blieb jedes gräßliche Stundenpaar unverrückbar.

»Kommen Sie«, sagte er mitfühlend, »wir müssen weiter. Ich habe eine Idee. Es ist ganz einfach. Sehen Sie, es ist sechs Uhr – sechs Uhr abends. Wir brauche nur auf acht Uhr vorzurücken. Hinterlegen wir doch einfach die beiden nächsten, noch ungelebten Stunden. Gehen wir; es geht nicht anders.«

Sie empfand es wie eine Fehlgeburt, zwei noch ungelebte, noch ungeborene Stunden zu opfern. Doch was blieb ihr übrig? Sein Rat war freundlich und hilfreich. Und schließlich tat er das gleiche. Geteilter Schmerz ist halber Schmerz. Etwas Besseres konnten sie nicht tun. Sie reichte ihre Stunden dem Zollbeamten und nahm die Quittung. Er half ihr, den Koffer anzuheben, noch halb offen, ein Zipfel rosa Spitze im Reißverschluß verklemmt.

Und plötzlich war es dunkel. Um mehrere Grade kälter. Die Nelke im Knopfloch ihres Mantels war verwelkt; eine Fliege, die unbekümmert seinen Koffer auf dem Schaltertisch umschwirrt hatte, fiel tot nieder. Es war acht Uhr.

Der Halbmond stand hier auf eine männlichere Art über ihnen als anderswo. Doch die Dämmerungen dauerten länger, als sie es je zuvor erlebt hatten. Tatsächlich hing das sonnenlose Licht so lange in den grellen Farben der spitzen, gebauchten Türme, daß es schien, als wollte es überhaupt nicht weichen: zeitloser Spott über ihre beiden verlorenen Stunden.

Es gelang ihnen nicht, sich dem Rhythmus des Lebens anzupassen. Sie begriffen nicht, wann die Leute hier aßen und schliefen und warum sie taten, was sie taten. Auch ihr eigenes Tun und Fühlen konnten sie nicht erklären – es trieb dahin wie abgeschnittene, zum Tod bestimmte Blumen.

»Alles hängt von den Dingen ab, die am Samstag zwischen sechs und acht geschehen sind«, sagte er, als sie von ihrem Platz auf einer Steinbank am Ufer des Flusses auf die langen, langen Rotstreifen der endlosen Dämmerung starrten. Leute eilten vorbei; sie wußten, wohin sie gingen und wann sie ankommen mußten, als hätte ihre Zeit einen Sinn in der zeitlosen Pracht dieser Stadt.

»Und wir werden es nie wissen. Nie.«

»Wir gingen ins Abteil zurück«, sagte sie, »und der Zug rollte weiter. Von sechs bis acht. Die Nelke war noch frisch, und die Fliege summte.«

»Wir unterhielten uns weiter«, sagte er.

176

»Über Teheran«, sagte sie, »und die Moslems. Es stellte sich heraus, daß du Persien kanntest, ich dagegen nicht. Wir glaubten beide, daß der Pamir ein Land ist, das Zukunft hat.«

»Ich hatte einen Einfall«, sagte er, »während wir uns unterhielten. Ich machte mir Notizen, errechnete die Formel und gab sie an der nächsten Station zur Post. Der Bahnhof war grau und überfüllt, aber meine Botschaft hat die Welt inzwischen erreicht. Sie hat vieles verändert. Sie hat auch mein Leben verändert.«

»Ich fühlte mich abgespannt und matt«, sagte sie, »als wir aus dem Speisewagen zurückkamen. Ich lehnte meinen Kopf an deine Schulter und schlief ein.«

»Ich wachte über deinen Schlaf«, sagte er. »Süßer Schlaf. Und als du erwachtest, küßte ich dich.«

»Und der Zug rollte weiter. Die Räder ratterten, schneller und schneller, und wir waren allein.«

»Deine cremefarbene Wäsche war hübscher als alles andere in deinem Koffer«, sagte er.

»Aber das war später«, sagte sie. »Im Hotel.«

»Das war später«, sagte er, »weil es zu dieser Zeit schon geschehen war. Alles Spätere kam, weil zu dieser Zeit etwas geschehen ist. Zwischen sechs und acht am Samstag.«

»Diese ratternden Räder«, sagte sie, »die sich in einen irrsinnigen Rhythmus steigerten – irgendwer hatte über irgendwas die Gewalt verloren. Der Zug verunglückte, und es gab keine anderen Stunden mehr.«

»Nein«, schrie er. »Bitte, nein. So darfst du es nicht sehen.«

Sie war glücklich, als sie sah, daß er die Hände voneinander löste: eine Geste, die den Preis zu widerrufen schien, den sie für ein Foto von Händen bekommen hatte, die sich nicht mehr voneinander lösen konnten.

»Unser Wagen lief ziemlich weit vor, weißt du noch«, sagte sie. »Und der Zug prallte unvermittelt gegen einen entgegenkommenden Europa-Expreß. Die Lokomotiven verkrallten sich ineinander, in tödlicher Umarmung.«

»Du bist ein merkwürdiges Mädchen«, sagte er resigniert. »Warum mußt du uns alles so unbehaglich machen?«

Er stand vor dem Himmel, der im Westen allmählich dunkelte, während im Osten der männlich aufrechte Halbmond stieg. Er stand wie die spitzen, gebauchten Türme, deren grelle Farben sich echolos im dunkelnden Himmel aufgelöst hatten.

»Wir stritten miteinander«, sagte sie. »Im Zug zwischen sechs und acht. Wir schafften es nicht, uns zu verstehen. Wir verloren das Interesse aneinander, und um acht Uhr trennten wir uns. Das war alles.«

»So kann es nicht gewesen sein«, sagte er und setzte sich wieder neben sie. »Weil – bedenke doch, was dann kam.« Doch seine Hände waren kalt.

»Abgeschnittene Blumen«, sagte sie, »zum Tod bestimmt.«

»Du bist ein trauriges Mädchen«, sagte er.

»Nicht ich bin traurig. Abgeschnittene Blumen sind es, abgeschnittene Stunden. Ich weiß nicht, wie du dich dagegen wehren kannst.«

Er hatte ein kaltes, stilles Lächeln, wie der männlich aufrechte Mond.

»Du bist romantisch«, sagte er, »aber die Dinge ändern sich im Wechsel der Zeiten. – Doch man gewöhnt sich daran«, setzte er hinzu. »Immer ist alles anders, immer gleich.«

»Heißt das«, und ihr Mund begann zu beben, »daß du das immer tust? Von der Art bist du? Du jagst umher, jagst gegen die Sonne, läßt hier ein paar Stunden zurück und dort ein paar? Kommst an, bevor du abgereist bist? Wie alt bist du?«

»Sorg dich nicht um meine Stunden«, sagte er. »Am Ende bekomme ich sie immer zurück«, sagte er und strich ihr übers Haar.

»Du hast mich hereingelegt«, sagte sie. »Du hast mir eine Falle gestellt.« Sie konnte die Tränen nicht länger zurückhalten. »Und ich liebe dich, ich habe dich immer geliebt«, schluchzte sie und vergrub den Kopf an seiner Schulter, seiner Brust.

»Du mußt dich der veränderten Situation anpassen, das ist alles«, sagte er beschwichtigend. »Jetzt ist eben alles anders. Wenn heutzutage noch etwas Bestand hat, dann ist es die Veränderung: das Maß der Veränderung. Daran wirst du dich gewöhnen müssen.«

»Ich will meine Stunden zurückhaben«, sagte sie. »Ohne sie kann ich nicht leben. Ich kann einfach nicht.«

»Du weißt, wo sie sind«, sagte er. »Das sollte dir genügen. In sicherer Verwahrung. Du hast es gesehen, und du hast deine Quittung!«

»Das ist nicht dasselbe«, sagte sie zitternd, »und du weißt es. Das ist nur ein Stück Papier.«

»Mir gibt es soviel Sicherheit, wie ich brauche«, sagte er. »Fast unsere ganze Sicherheit ist Papier. Das solltest du akzeptieren, guten Glaubens. Du hast ein wenig Glauben bitter nötig. Wir könnten glücklich sein.«

Doch sie schüttelte den Kopf. »Meine Stunden«, sagte sie. »Ich will meine Stunden zurückhaben. Ich will wieder ganz sein, und wäre ich das einzige Ganze in dieser Welt. Meine Stunden. Ich brauche sie.«

Sie gingen zwischen spitzen, gebauchten Türmen. Die Luft war dick und feucht und schmeckte nach Stadt. Neonlicht blinkte in absurden Rhythmen und Farben, zuckend, hämmernd: fratzenhafte Vorwegnahme der langen Morgendämmerung. Im Neonlicht tickte eine besondere Zeit: jene Zeit, die einem unter den Augen vorüberfliegt. Doch die kleinen und großen Glocken – die Stadt war voll von ihnen – schlugen eine andere Zeit: die Zeit, die mit dem fernen Horizont unerbittlich folgte.

»Ich sehne mich nach einem Feuer«, sagte sie erschauernd. »Wenn es auch nur ein bescheidenes Kaminfeuer ist, das man beobachten, bei dem man die Zeit vergessen kann«, sagte sie. »Ein Feuer, das die Zeit verzehrt. Und zugleich wärmt.«

»Aber der Frühnebel«, sagte er, »ist dicht wie die See. Ich sehne mich nach dem Ozean«, sagte er, »dem Meer, das die Zeit verlöschen läßt.«

Niemand, absolut niemand war in der Zollabfertigung. Zitternd, von der weiten Leere ringsum in Zwerge verwandelt, waren sie die einzigen, die ihre Quittungen vorwiesen und ihre hinterlegten Stunden zurückverlangten.

»Klar«, sagte der Beamte und gähnte. »Klar. Sie bekommen Sie zurück. Ganz nach Wunsch. Hier.« Und er gab ihnen ihre Stunden zurück.

»Erstaunlich«, sagte sie, »wie versessen die Leute darauf sind, ihre Stunden loszuwerden. Es scheint, als wollte niemand sie zurückhaben.«

»Aber ich bin froh, daß ich sie wiederhabe«, fügte sie hinzu.

»Und was wirst du mit ihnen tun?« fragte er.

»Ich weiß noch nicht«, sagte sie nachdenklich.

»Also das Ganze von vorn«, sagte er.

»Nein, nein«, sagte sie. »Diesmal ist es anders: zwei Stunden des eigenen Daseins noch einmal leben – zwei pralle, unvergeßliche, glückliche Stunden; noch einmal glücklich sein.«

»Versuch es nur«, sagte er. »Sie werden dir lästig sein. Sich ihrer zu erinnern, ist besser, als sie noch einmal zu leben. Sie werden zäh; und dann – du weißt, worauf es immer wieder hinausläuft. Auf Traurigkeit.«

»Nimm eine Zeit, in der du versagt und falsch gehandelt hast. Durchlebe sie noch einmal, diese zwei Stunden, und mache es besser«, sagte sie.

»Das Gewicht vergangener Zukunft ist erdrückend«, sagte er traurig. »Zwei Stunden des Versagens sind auch in der Wiederholung wie ein Alptraum. Bemühe dich nur – zumal du es jetzt besser weißt: du wirst wieder versagen.«

»Warum sagst du das?« fragte sie flehentlich. »Was sollen wir denn nun mit unseren zwei Stunden anfangen?

»Beeilen Sie sich, meine Dame«, sagte der Zollbeamte, »sonst versäumen Sie Ihren Zug. Bitte, hier ist auch Ihr Geld. Nehmen Sie Ihre Stunden, und beeilen Sie sich.«

Sie lehnte ihren Kof an seine Schulter, und er küßte sie lange und sanft. Die Räder ratterten, im Abteil war es warm und dunkel. Sie waren allein.

Als sie aufwachte, ruhte ihr Kopf auf dem weißen Schonbezug des Fensterplatzes. Der Mann saß ihr gegenüber. Die lange Morgendämmerung hatte begonnen.

»Ich ginge heute abend gern ins Theater«, sagte sie. »Aber ich bin müde.«

»Sie lieben das Theater?« sagte er. Vielleicht, dachte er, war sie Künstlerin.

»In Paris ist es gut«, sagte sie, »und in Tokio.«

»Mögen Sie eine Zigarette?« sagte er.

»Nein, danke«, erwiderte sie. »Ich rauche sehr wenig.«

Die Dämmerung war endlos, die Räder ratterten. Die Telegrafendrähte liefen eine Weile parallel, näherten sich einander, trennten sich, näherten sich. Wie Melodien.

Sie streckte sich, kämmte ihr Haar, puderte ihr Gesicht.

»Darf ich einen Blick in die Zeitschrift werfen?«

»Bitte, bedienen Sie sich«, sagte er.

Sie blätterte gleichgültig, abgelenkt vom Rhythmus der Räder. Es war eine wissenschaftliche Zeitschrift, farbenprächtig auf Hochglanzpapier; sie warf seltsame Worte auf: Dimension, Antimaterie, Phänotyp.

Der Zug ratterte über eine Brücke, verlangsamte die Fahrt. Antimaterie, Antima-terie, An-ti-ma-te-rie schlugen die Räder vor.

Der Mann stand auf. »Frei. Libre. Free«, sagte er und deutete auf den verlassenen Platz. Er verabschiedete sich mit einem knappen Nicken und schloß die Tür hinter sich.

Er erinnert mich an jemanden, den ich kannte, dachte sie. Und dann fiel ihr, Gott weiß warum, das Bild wieder ein, für das sie einmal einen Preis bekommen hatte.

In ihren Atemzügen klang, hörbar nur für sie selbst, ein Thema aus Prokofieffs Violinkonzert. Die Melodie wehte traurig über dem rhythmischen Rattern der Räder. Der kommende Tag würde anstrengend sein und lang, zumal sie zwei Stunden gewonnen hatte; und sie kannte niemanden in der Stadt.

Der Zug fuhr wieder schneller; und jetzt drängte sich ihr der letzte Satz aus Beethovens Siebenter auf die Lippen. In diesem Rhythmus kann man alles hören: das Rattern der Eisenbahnräder ist wie die Form der Wolken.

BLUMEN

Für C. T.

»Ungefähr hundertsechzig Stundenkilometer«, sagte
Shapiro und beantwortete damit ihre Frage:
»Wie schnell läuft Ihr Lincoln Zephyr?«

Daß er einen Lincoln Zephyr fuhr, war ihm nie bewußt
geworden – weder beim Fahren, noch als der Kran den
Wagen von der *Liberté* hob; erst als sie von Pferden
sprach, dachte er daran. »Außer Pferden hatte er nichts
im Kopf«, hatte sie gesagt, halb ratlos, halb bitter, ihm
verführerische Seitenblicke unter langen Wimpern zuwer-
fend. »Haben Sie auch Pferde?«

»Nur eins – aber das läuft schneller als alle Pferde, die
Matticchi Lenti in seinem Stall hat. Mein Pferd heißt Lincoln Zephyr.«

Dieser Satz und der Stolz, der in ihm lag, hatten in seinem Innern nachgeklungen und ihn vielleicht sogar dazu
gebracht, sich auf diese Fahrt einzulassen: die ganze
Strecke von Leccio nach Bocca di Grassa. Ein schlimmer
Fehler.

Daß sie Unesco hieß, hatte ihrem Reiz noch weitere
Reize hinzugefügt – im ›Paradiso‹. Sein Tisch hatte weit
vorn gestanden, linker Hand neben dem Flügel, hinter
ihm im Dunkeln der Boy, die weiße Serviette über der
Schulter, mit funkelnden Augen zuschauend. Madame
Unesco stand in der Buchtung des Flügels, von Kopf bis

Fuß in Schwarz; der enge, seitlich geschlitzte Rock zeigte ihr wohlgeformtes Bein, eine rote Rose auf dem schwarzen Strumpfband. Das helle Make-up ihres Gesichts sog das Licht der Reflektoren ein; sie stand reglos und sang:

Ho da fare – non so più da quando –
sempre il solito tratto di strada
finché un giorno, in quel punto, io non cada
e mi fermi per sempre, crepando.

Sie zog an ihrer Zigarette, eine lange, weiße, geschnitzte Zigarettenspitze vor dem dunklen Rot ihrer Lippen. Gelassen, fatalistisch; daß sie so still dastand, völlig unbewegt, anstatt nach Mädchenart schenkelschwenkend das Gehen anzudeuten, schien ein Beweis dafür, daß sie am Ort ihrer Bestimmung angelangt war.

Er fuhr langsamer, beschleunigte dann in der Kurve; den Wagen durch die Biegung ziehen, ganz gleichmäßig, nicht nur ein Rad drehen – seine Hände erprobten die Friktion der Reifen auf der Straße, sein Körper stemmte sich dem Trägheitsmoment entgegen, der Schleuderkraft, die ihn in der ursprünglichen Richtung weitertragen wollte; und weil ihm die Melodie nicht aus dem Kopf ging, sang er:

E non vale ch'io muti cammino
per scacciare pensieri molesti
se già scritto è così dal destino
che in quel punto, crepando, m'arresti.

Sie lächelte ihn an, ein Grübchen erschien auf ihrer Wange; aber das war auch alles. Daß sie Unesco hieß, änderte nichts daran – in diesem Wagen wirkte sie einfach ordinär. Der Wind zerzauste ihr Haar und verriet, daß es nachgefärbt werden mußte: ein Viertelzoll häßlich asch-farben, dicht an der Haarwurzel.

Solche Mädchen haben oft Interessantes zu erzählen, hatte er gedacht, als sie vom Klavierpodest kam und sich an seinen Tisch setzte. Der Boy schlenkerte die Serviette von der Schulter und erging sich in routinierter Dienstbe-reitschaft.

»Sie waren großartig heute.«

»Schönen Dank.«

»Wissen Sie, wer das Lied geschrieben hat? Ich mag es am liebsten.«

»Ich weiß nie, wer meine Lieder geschrieben hat … Ich habe es in Peking gesungen, und dann in Hongkong, als es mit Peking nichts mehr war. Auch auf englisch. Aber so klingt es besser.«

»In Nachtklubs?«

»So ähnlich.«

»Und wie kommt es, daß Sie hier gelandet sind?«

»Oh, Matticchi Lenti hat mich mitgenommen – über-allhin. Südamerika, Argentinien, Japan, China. Als der Krieg ausbrach, hat er mich verlassen. Dann mußte ich Geld verdienen – *dough, grana*. Und ich fuhr nach Hause, immer per Anhalter …«

Ho da fare non so più da quando.

»Anhalter«, sagte er und wies durchs Wagenfenster. »Deutsche – mit Rucksack. Weißt du, ich nehme nie jemanden mit. Nicht in diesem Land. Hier sind die Gesetze ziemlich eigenartig. Wenn etwas passiert, kommt man in Teufels Küche. Aber sieh nur, wie sie ihre Stöcke schwenken; vermutlich haben sie etwas gegen Amerikaner.«

Er drehte den Rückspiegel ein wenig, um mehr von der Straße zu sehen und weniger von ihr.

»*On a soif, chéri*«, sagte er und stoppte vor der Tankstelle. »*Al pieno, prego.* Öl und Wasser kontrollieren. Und die Windschutzscheibe, bitte – *pulire.*«

So oft sie gesagt hatte: ›*on a soif, chéri*‹, hatte der Boy die Champagnergläser nachgefüllt. *Grana.* Wie es schien, machten Unesco und der Boy gemeinsame Rechnung.

»Und weshalb sind Sie nicht in Peking geblieben?« hatte er gefragt – über den Rand seines Glases hinweg.

»Kommunisten sind nicht das Rechte für meinen Job. Unsere Lokale wurden geschlossen. Aber Hongkong ist okay. Dahin ginge ich gern wieder – irgendwann. Bringen Sie mich hin?«

»Tanzen wir lieber.«

Sich durch die gedrängte Menge drängen. Trübe Lichter, trübe Geräusche; Salz und Rauch, Schweiß und Parfum in der Luft. Unbekümmerte, zweischläfrige Wonne. Beleibtheit wird hier leichtfüßig; sauberes Weiß, schmale Fesseln, spitze Schuhe, elastisch trabend – des dicken Mannes Anmut. Dunkelheit und Lärm bergen Amouren, *sul serio*, und so gleiten sie vorbei, Wange an Wange. Tanzende Vampire in mancherlei Ausgaben und Formaten. Die meisten mit Brille: flache Formen, schlängelnde Fassungen in glitzernden Farben. Lasterhaft geschminkte Lippen herrschen über verblüffte Männer mit Hängebacken. Ein erregter Jüngling im Straßenanzug schleudert seine ältliche Begleiterin in kreiselnde Leerräume – vielleicht zum ersten Mal. Ein schmächtiger Neger, hier durch Exzentrizität geadelt, preßt seine stämmige Blondine an sich; Intellektuelle wandern umher und reden, einander bei den Händen haltend, dann wieder gestikulierend, wie es zu ihren Worten paßt, dann rhythmisch in den Knien federnd, ein zynisches Lächeln auf den Gesichtern. Und er und Unesco – Unesco, die ihm über die Schultern schaut.

Sempre il solito tratto di strada.

Doch hier? Sie hatte keinen Blick für die Straße, die an ihr vorüberwirbelte. Was bedeuteten ihr die Schafe – der blökende Widder, Mutterschafe und hüpfende Lämmer, der zerlumpte Schäfer, der den Wagen anhielt, bis der zottige Hund die Herde durch den Graben auf das benachbarte Feld getrieben hatte? Und als der Alfa Romeo hinter ihnen die Hupe aufgellen ließ, mit hundertsechzig überholte und ebenso schnell verschwand, wie er gekommen war – hörte sie, daß die Hupe, nach jähem Crescendo, mit der Lautstärke auch an Tonhöhe verlor?

»Verrückter Fahrer«, sagte er.

»Aber schnell«, sagte sie.

Keine Nerven, völlig passiv. Was wußte sie davon, daß er sein Schicksal in den Händen hielt, um das Lenkrad gewunden, eingeklemmt zwischen Fuß und Bremse? Er wußte: er konnte fahren, wenn er betrunken war; er glaubte noch fahren zu können, wenn er blind, sogar wenn er tot wäre. Hundertsechzig Kilometer, hundertdreißig, hundert, als weit voraus das Verkehrsrinnsal stoppte, sich verworren ausbreitete und man nicht erkennen konnte, in welcher Richtung es sich bewegte. Achtzig, fünfundsechzig, vierzig, als er geduldig hinter einem Lastwagen mit Anhänger fuhr, abwartend, bis er fühlte – nicht wußte, nicht sah – daß die Straße völlig frei war. Dann ging er wieder auf Höchstgeschwindigkeit – Singen des zweiten Ganges, lautloses Schalten, Summen des dritten.

»Wenn ich der Staatspräsident wäre«, sagte er, »würde ich diesen verdammten Lastern die Straße verbieten.« Er hatte es schon hundertmal gesagt, zu hundert Gesprächspartnern, auf hundert Fahrten. »Dafür gibt es die Bahn. Wozu wäre sie sonst da? Nicht für Leute, die mit dem Wagen fahren. Nicht für Leute, die fliegen. Wenn sie nicht einmal mit dem Frachtgut fertig werden …«

Die Bahn, dachte er, und Schiffe. Hinter einem schlägt die Tür zu, und man ist abgeschnitten. Aber man kann die Realität am Fenster vorbeigleiten sehen, Film im Fenster. Geräusche erreichen einen, die Temperatur teilt sich mit, Gerüche. Dennoch ist man abgeschnitten, in eine andere Wirklichkeit versetzt, in der man sich die Beine vertreten kann, sich anderen Menschen nahe fühlen, denen man nie wiederbegegnet, unvernünftig essen, Rennwetten abschließen, einen Film besuchen – Vorführung innerhalb der Vorführung, ein dramatischer Faden, gesponnen über die Leere vom Pol der Abreise zum Pol der Ankunft. Die Uhr braucht am Tag nur um eine oder zwei Stunden verstellt zu werden – eine Kleinigkeit, unerheblich.

Flugzeuge, dachte er. In ihnen ist man wirklich abgeschnitten. In den oberen Regionen des Surrealen. Man wird seiner Habe beraubt – sie geht ihren eigenen Weg; man wird in einen Bus verladen und über leere Straßen vor die Tore der Stadt hinausgeschaukelt, als sei man verurteilt, vor Morgengrauen erschossen zu werden – eine gespenstische Stunde zum Aufstehen und Abreisen. Stunde? In Paris ist es zehn Uhr, in Delhi Nachmittag. Was sind Stunden für Leute, die sterben, und für Leute, die fliegen? Er kannte die veränderliche Wolkenlandschaft, ihre Götter, Tiere, Gebirge, die plötzlich aufreißenden Seen der Erdoberfläche. Er kannte Luftlöcher und die exzessive Freundlichkeit der Stewardessen. Die Diagnose ist gestellt, aber man verrät dir nicht, was der Arzt sagt. Weder deine Temperatur noch den Namen der Tabletten, die man dir verabreicht; auch nicht, weshalb das Öl von der Tragfläche tropft. Die gedehnten Nächte nach Westen, die gedrängten Nächte nach Osten ragen wie aus gekrümmten Spiegeln; und so oft das Flugzeug nach der Landung ausrollte, weich und federnd auf seinen Ballonreifen, als sei durchaus nichts geschehen, seit man den anderen Kontinent verließ, drängte es Dr. Shapiro, zu ihm zu sagen: du Heuchler.

Aber fahren, so wie jetzt, das war er selbst. Der Wagen war sein Körper, die Straße sein Leben. Die Landschaft versank, locker, unzusammenhängend; einschießende Gedanken, aber die Straße war da, stets und tief. Tao. Es lastete auf seinem Wagen. Je tausend Meilen wogen einen Monat seines Daseins auf. Der Wagen war sein Körper, die Straße war sein Leben – sie kräuselte sich unter der Spannung seiner Nerven.

Jungen auf Fahrrädern fuhren plötzlich Schleifen.

»Verrückte Bengel – verdammt.«

Eine festliche Menge quoll auf die Dorfpiazza, von der Kirchentreppe auf die Straße hinab. Reis hagelte auf den

Wagen. Fotografen richteten ihre Kameras auf das glückliche Paar, das oben im Kirchenportal auftauchte: er manövrierte den Wagen durch die wogende Menge – ein Motorboot gegen die schwereren Wellen eines mehr als Toten Meeres.

Plötzlich tauchten Hühner auf, als die Straße abfiel, überquerten sie im Zickzack, Verzweiflung gluckend, flügelflatternd. Er bremste, brachte den Wagen scharf zum Stehen.

»*Dio mio*«, sagte Unesco, »es sind doch nur Hühner.«

»Ich habe noch nie ein Huhn überfahren. Nie eine Katze, nie einen Hund. Und noch nie einen anderen Wagen geschrammt.«

Kein Zermalmen. Kein schriller Laut. Keine stiebenden Federn, kein letztes Aufzucken des Körpers. Gefürchtet, weil es der Anfang vom Ende wäre, ein Zeichen angeschlagener Wachheit, geschwundenen Glücks. Er bebte dankbar.

Und wieder beschleunigte er – hundert, hundertzwanzig, hundertfünfzig Kilometer – und spürte das Vibrieren der Straße unter seinen Händen. Und wieder die Verkehrsstockung weit voraus, das Gaswegnehmen, das Auffahren hinter einem Laster, die lauernde Hupe, die vor einer Kurve warnte.

Finché un giorno in quel punto io non cada.

»Wie reist du am liebsten?« fragte er. »Mit der Bahn, mit dem Schiff, mit dem Flugzeug oder im Wagen?«

»Mit dem Schiff, glaube ich«, sagte sie. »Besonders, wenn man Geld hat. Alles andere ist mir gleichgültig: Wagen, Flugzeuge, Züge sind so langweilig. Man kommt nur schnell an.«

»Und weshalb willst du schnell ankommen?« Seine
Gedanken kehrten zum ›Paradiso‹ zurück. Tanzen wir.
Unesco, die ihm über die Schulter schaut – und dann
er selbst, Dr. Shapiro, Zahnarzt aus New York im
Staate New York. Keine Tätowierung auf den Armen.
Doch das war das einzige – sonst fehlte nichts. Sonst:
der gestreifte Pullover mit Dreiecktuch, die enge blaue
Hose, die Riemensandalen – er wirkte völlig echt,
ein Montagvormittagsmatrose, der mittschiffs das Deck
schrubbt.

»Hast du Brüder?« fragte er ohne Übergang.

»Ja – zwei. Warum?«

»Hatten sie Matrosenanzüge, als sie klein waren?«

»Mag sein. Ich weiß es wirklich nicht mehr.«

»Als ich ein Junge war, hatte ich einen Gala-Matro-
senanzug. Weiße Hose, weiße Bluse, eine makellos ge-
knotete Krawatte, die mit Haken und Ösen unter dem
großen, viereckigen Kragen geschlossen wurde. Eine
marineblaue Kadettenjacke mit goldenen Knöpfen und
ein Mantel mit rotem Anker auf dem linken Ärmel. An
meiner Mütze stand ›Royal Navy‹, in Goldlettern auf ein
schwarzes Band gedruckt, dessen lange Enden stolz im
Winde flatterten. Ich hatte auch eine silberne Boots-
mannspfeife in der linken Brusttasche, befestigt an einer
gedrehten schwarzen Schnur, die ich um den Hals trug.
Alle Jungen hatten solche Sonntagsanzüge; wir stritten
uns, welcher der ›echteste‹ war.«

»Wirklich? Und dann?«

»Vom Sonntagsmatrosen beim Landgang zum Mon-
tagsmatrosen, der mittschiffs das Deck schrubbt. Auch
eine Karriere.«

»Wie?« fragte sie. Dann: »Oh, Johnny« – ihr lag daran, nett und hilfreich zu sein – »Du siehst jetzt aber auch nicht schlecht aus.«

Diesmal blieben sie hinter einem Leichenzug stecken.

E mi fermi per sempre crepando.

Es gab keine Chance, zu überholen. Die Straße war schmal und gekurvt; der Leichenwagen war breit und holperte unbeholfen über das Pflaster. Hinter ihm fuhr ein weiterer schwarzer Lastwagen, beladen mit Kränzen und Sträußen und Schleifen. Eine Anzahl Mietwagen mit schwarzgekleideten Trauergästen folgte, dann, über vielleicht hundert Meter oder sogar noch mehr, Trauergefolge in Dreierreihen zu Fuß, in einigermaßen nüchterner Unterhaltung begriffen. Auf dem Blumenwagen zitterten die Blüten; ab und zu, in ungefähr gleichen Abständen, löste sich eine rote Nelke und fiel auf die Straße – Einladung für uns alle zur letzten Schnitzeljagd.

Aufholen, Gaswegnehmen, dann wieder Warten, die lauernde, herausfordernde Hupe, dann wieder Aufholen. Die eigene Geschwindigkeit war zu berechnen und die Geschwindigkeit des Lasters vor ihm; die Entfernung zwischen dem Laster und dem Wagen auf der Gegenfahrbahn; die Geschwindigkeit dieses Wagens; der eigene Beschleunigungswert und der Sicherheitsabstand – eine komplizierte Rechnung. Ein elektronischer Mechanismus löste sie für ihn, immer wieder, im Handumdrehen, und gab dann seinem Fuß den Gashebel frei. Unesco drehte am Radio; die Werbesendung, die das durch nahe Telegrafendrähte verursachte Schrillen und Knarren dann und wann übertönte, lief unisono mit den Plakaten, die auf beiden Straßenseiten vorüberglitten. Nylon, Pasta

Maltagliati, Levi's Textilien warben mit Papprosen auf beiden Straßenböschungen, leuchtend rosa Rosen, wie vom Leichenwagen abgefallen. Dann verkündete eine vertraut nasale Stimme im Radio: ›This is AFN serving American Forces in Europe‹.

»Nicht weiter«, sagte Shapiro. »Ich möchte die Nachrichten hören.«

Doch Unesco ließ den roten Faden weiter über die Skala wandern, von links nach rechts. »Ich möchte Musik«, sagte sie.

»Du kannst nachher Musik haben, soviel du willst«, sagte er grob, »aber jetzt möchte ich Nachrichten hören.« Er löste ihre Hand vom Knopf und begann, ihn zurückzudrehen – langsam, nach links. Eine einmal verlorene Wellenlänge ist oft nicht wiederzufinden. Nach mehreren vergeblichen Versuchen, die amerikanische Stimme wieder aufklingen zu lassen, schaltete er das Radio ab, sichtlich wütend. Sie drückte den Zigarettenanzünder, fingerte ein rotes Lederetui aus dem unappetitlichen Wirrwarr in ihrer Tasche, zündete sich eine Zigarette an und sagte kokett, mit der Stimme eines schmollenden Kindes:

»Matticchi Lenti tat *immer,* was ich wollte …«

Schweigen. Sie blies, mit übertriebener Anstrengung, eine Rauchwolke zum Fenster hinaus.

»Und dann hat er dich verlassen, nicht wahr?«

Schweigen.

»Vielleicht wollte ich es …« Sie glitt zu ihm hinüber, katzenhaft, schmiegte sich an ihn.

»Wenn er mich nicht verlassen hätte, dann hätte ich dich nicht getroffen …«

Du lieber Gott.

Er fuhr langsamer; vor ihm lag eine kleine Steigung im Dämmerlicht, hinter der er Hühner vermutete. Die Bodenwelle hob ihm den Magen wie eine gute Nachricht, ein unerwartetes frohes Wiederbegegnen. Und keine Hühner. Die Straße, bisher holprig, wurde glatt, spiegelglatt. Der Wagen glitt in plötzliche Stille hinein, das Rattern brach ab; nur von den Reifen her ertönte ein neues Singen. Ein Brückenbogen überspannte die Straße, von Heckenrosen bewuchert. Danach zwei Reihen blühender Oleanderbäume zu beiden Straßenseiten; Mädchen saßen unter den Bäumen und boten Sträuße zarter Nelken zum Verkauf, mit Weiß durchzogenes Rosa wie Wolken beim Sonnenuntergang, und flammende Gladiolen. Hinter den Oleanderbäumen wuchsen Rosenbüsche und Magnolien. Stiefmütterchen und Kapuzinerkresse, Zinnien und Ringelblumen ordneten sich wie sanfte, lange Mähnen über Farntiefen und blaugrünem Moos – auf den abfallenden Feldern zu beiden Seiten der Straße Blumen, so weit das Auge reichte. Und der Sonnenuntergang, und die Stille. Nach ungefähr einer Minute kam die Kurve, und die Vision verschwand so plötzlich, wie sie aufgetaucht war. Nur der taufrische Resedenduft hielt sich noch kurze Zeit im Wagen.

Er schwieg lange, verträumt. »Herrlich, diese Blumen«, sagte er dann.

»Ja«, sagte sie müde, verdrossen über sein Brüten, und spähte suchend aus dem Fenster.

Wieder Schweigen. Sie durchquerten ein Dorf, dessen gesamte Bevölkerung *a passeggio* auf der Hauptstraße flanierte. In der Dorfmitte ein großes Denkmal, für Cavour oder wen auch immer, auf einem kleinen Hügel;

die Blumenbeete, die es umgaben, waren so geformt und abschattiert, in französischem Stil, daß sie sein Wappen bildeten.

»Hübsche Blumen«, sagte sie, froh, ihm beistimmen zu können.

»Ich meinte die Blumen vorhin an der Straße«, sagte er ein wenig verärgert.

Ein Motorradfahrer schoß in vollem Tempo von links auf die Fahrbahn und geriet ins Schleudern, als er den Wagen sah. Shapiro bremste scharf und ließ ihm Vorfahrt – offensichtlich hatte er die Kontrolle über seine Maschine verloren.

»*Pazzo*«, rief Unesco ihm durchs Fenster zu, als sie ihn bald darauf überholten.

Zu viel Verrückte, stellte Shapiro fest. Oder – liegt es vielleicht an mir selbst? Und dann durchzuckte der Gedanke sein Hirn, daß es die Blumen, die er an der Straße gesehen hatte, vielleicht überhaupt nicht gab. Zu schön, um wirklich zu sein. Eine Halluzination. Wieder fühlte er, wie sein Magen sich hob, einen Schmerz durch die Kehle bis zur Zungenspitze, wie damals, als seine Mutter ihn zum ersten Mal zur Schule brachte – wie damals, als sich die weißen Türen öffneten und sie zum ersten Mal hineingeführt wurden, um einen menschlichen Körper zu sezieren.

»Ich meine die Blumen, als die Sonne unterging; prachtvolle Blumen. Sind sie dir nicht aufgefallen?«

»Wahrscheinlich.«

»Was für Blumen waren es?« fragte er, um sie auf die Probe zu stellen.

»Wie meinst du – was für Blumen?«

»Waren es Rosen oder Flieder, Chrysanthemen, Schneeglöckchen, Veilchen oder Vergißmeinnicht?«

Obwohl seine Stimme verärgert klang, hielt sie es für eine Art Flirt.

»Ich liebe Blumen«, gurrte sie an seiner Schulter, »ganz gewiß, und Berge und Sterne dazu; aber du kannst sicher sein, ich weiß ihre Namen nicht. Ich wußte sie nie. In keiner Sprache.«

»Du bist wie ein Tier«, sagte er (geschieht mir recht), und die Schulter, an die sie sich schmiegte, war unempfänglich wie Stein. Sie zog sich schmollend zurück und musterte ihre Hände, die Nägel ausstreckend, wie um sie mit Blicken zu polieren.

»Du hast sie überhaupt nicht gesehen.«

Er hatte wieder beschleunigt und hielt jetzt einen Schnitt von hundertdreißig Kilometern, die Rechtskurven scharf am Straßenrand ausfahrend, die Linkskurven schneidend, wenn es ungefährlich war. In der Dämmerung sah man den Schmutz auf der Windschutzscheibe; die Sicht war dürftig. Die Straße flatterte unter der Federung, bebte in seinen Händen.

»Natürlich habe ich sie gesehen«, sagte sie aufsässig.

»Glaubst du etwa, ich wäre blind?«

»Du kannst sie nicht gesehen haben, weil …«

»Aber wenn ich dir sage, daß ich sie gesehen habe?«

»Das sagst du nur, weil du …«

»Weil ich was?«

»… weil du mich trösten willst.«

Sie lachte herzlich, unaffektiert, ohne Pose; er sah, daß ihr links oben drei Backenzähne fehlten. Natürlich überraschte es ihn nicht, aber er wollte es nicht sehen, jetzt nicht. Es steigerte nur seine Nervosität.

»Weißt du was?« sagte sie unvermittelt. »Eines Tages ziehe ich dir alle Zähne und mache dir ein prachtvolles neues Gebiß. Was hältst du davon?«

Allmählich wurde sie ängstlich. »Johnny Shapiro«, sagte sie, »ich glaube, du bist verrückt. Und warum hörst du nicht auf, derart zu rasen? Merkst du denn nicht, daß es dunkel geworden ist? Du kannst doch nichts mehr sehen.«

Er hatte in der Tat die Scheinwerfer eingeschaltet; andere Wagen kamen wie Hunde mit glühenden Augen, so groß wie Untertassen, dann so groß wie Mühlräder, endlich so groß wie der Runde Turm. Doch er hatte gelernt, nicht darauf zu achten. Er führte den Kampf der Scheinwerfer mit dem rechten Fuß; seine Gedanken waren anderswo. Blumen. Einbildung oder Halluzination? Ermüdung vielleicht, oder Hunger, oder eine Folge davon, daß er sich zu lange der nahezu tropischen Sonne ausgesetzt hatte. Der Farbenreichtum, die Schönheit der Anordnung, die Pracht des Ganzen deuteten auf Meskalin. Doch er hatte kein Meskalin genommen, soviel stand fest. Zwar schmerzte sein Kopf, aber die Blumen waren nicht von dem Stoff, aus dem die Visionen körperlichen Unwohlseins bestehen. Dennoch – es mußte irgendeine Vergiftungserscheinung sein. Verdammt! Seine Hände würden unsicher sein, er würde einen Urlaub brauchen, um sich vom Urlaub zu erholen. Bei diesen Gedanken ergriff ihn eine tiefe Schwermut; seine Karriere schien ohne Sinn, sein Geld nutzlos vertan, seine Zeit vergeudet, seine Neigungen leer. Die Straße rollte dahin, ununterbrochen, überfüllt von Leere. Ihm war, als müßte er sie ausfüllen, mit seiner Existenz zum Bersten füllen, bis sie endlich überquölle in die blühenden Flächen. Doch nun kam ihm die Vollkommenheit der Vision leblos vor – Vollkommenheit des Todes. Sie würden zu ihm zurückkehren, diese gesegneten Flächen, er würde sie wiedersehen, im Augenblick seines Todes – bald.

Da widersetzte er sich. Der Grübler wurde zum Wissenschaftler. Dies war nicht das zweite Stadium eines Prozesses geistiger Degeneration. Und trotzdem bestand er noch nicht darauf, für wirklich zu halten, was eine Halluzination gewesen war.

Er hatte die Blumen gesehen, völlig eindeutig. Was war schon dabei? Ein Gärtnereibetrieb vermutlich. Davon gab es viele in diesem Landesteil.

»Diese Blumen bei Sonnenuntergang waren hübsch, nicht wahr? Oleander, Rosen, Zinnien, Ringelblumen …«

»Hübsch«, sagte sie und blies gelassen eine Rauchwolke aus dem Fenster.

Sie hält mich für einen Sadisten, den es drängt, sie um den Verstand zu bringen, nachdem er sie vergewaltigt hat.

»Weißt du«, sagte er leichthin, »ich möchte gern umkehren. Ich möchte diese Blumen noch einmal sehen – bei Nacht. Im Mondlicht. Ein paar davon pflücken. Ein paar davon kaufen. Sie dann zwischen den Seiten eines dicken Buches pressen und mit nach New York nehmen. Als Souvenir. Als Andenken an diese Fahrt.«

Er stoppte den Wagen, sanft wie ein landendes Flugzeug, und wendete. Vorwärts, rückwärts, herum.

E non vale chi'io muti cammino.

»Das hieße vierzig Kilometer zurück, vielleicht fünfzig.«

»Wenn schon. Jetzt ist nicht viel Verkehr; außerdem ist es einerlei, wo wir übernachten. Wenn wir nicht bis Bocca di Grassa kommen, können wir in Savigno bleiben. Die Saison ist vorbei. Wir finden bestimmt ein nettes Zimmer.«

»Ich bin ziemlich müde«, sagte sie leise und lehnte sich mit geschlossenen Augen zurück. »Aber wie du willst.«

»Schlaf nur. Wir verlieren nicht viel Zeit. Der Abend ist so schön …«

Nichts ist so gewiß wie Gewißheit, dachte er in billigem Triumph. Wenn sie da sind, sind sie da. Wenn nicht, tue ich gut daran, mich auf meinen Geisteszustand untersuchen zu lassen.

Per scacciare pensieri molesti.

Er beschleunigte – hundert Kilometer, dann hundertzwanzig, gleichgültig fremden Scheinwerfern entgegen, die eigenen abblendend und dann wieder aufstrahlen lassend, der rechte Fuß vielleicht um ein Weniges tätiger, als rational zu rechtfertigen war.

Katzen, vielleicht auch Hasen oder Kaninchen, kamen aus dem Unterholz am Straßenrand und hoppelten ins grelle Scheinwerferlicht, verwirrt, mit phosphoreszierenden Augen. Er wich aus, ließ die Bremsen kreischen. Fahrgewohnheiten sitzen so tief wie Waschgewohnheiten; man legt sie selbst in Momenten der Verzweiflung nicht ab. Ein Mann steht auf, duscht, rasiert sich sorgfältig, bürstet sich das Haar mit Brillantine, schneidet sich die Nägel; springt dann von der Brücke.

Sie passierten das Dorf mit dem Cavour-Denkmal. Flutlicht ergoß sich über das Standbild und beleuchtete zugleich den oberen Teil des Blumenwappens; sein unterer Teil lag begraben in der Schwärze der Nacht. Der Platz war leer. In den Cafés ringsum saßen Leute, irgendwer ließ einen Musikautomaten spielen. Unesco schlief fest.

Aufholen, Gaswegnehmen, Warten hinter zahllosen Nachtlastern, dann wieder Aufholen. Der elektronische Mechanismus rechnete gelassen, verläßlich, gab den Fuß im richtigen Moment frei. Vierzig Kilometer, fünfzig: nun werden wir sehen – bald.

Motorisierte Polizei, gespenstisch schwarz mit phosphoreszierenden Ärmeln, verlangsamte den Verkehr. Die Straße war nahezu blockiert: ein Laster mit Suchscheinwerfer, ein Traktor, die Ambulanz, die hilfsbereiten Wenigen und die neugierige Menge; ein Wagen lag umgestürzt im tiefen Graben. Das wäre ich, wäre der Himmel mir nicht gnädig.

Eine Landschaft sieht nachts anders aus, wenn man sie bei Tage sah; anders, wenn man nordwärts fährt, nachdem man sie in südlicher Richtung durchquerte. Er hätte weder die Häuser wiedererkannt, noch die Bäume und Kreuzungen. Läutend und blinkend senkten sich vor ihnen die Schranken eines Bahnübergangs; er hatte sie auf der Hinfahrt nicht bemerkt. Vermutlich waren sie offen gewesen und hatten deshalb in seinem Gedächtnis keine Spur hinterlassen. Unesco wachte auf, als der Wagen hielt; sie streckte sich, gähnte, fingerte eine Zigarette aus dem Wirrwarr ihrer Tasche. Höflich gab er ihr Feuer. »Wo sind wir?« fragte sie mit schlafheiserer Stimme. »Wie weit müssen wir noch?«

»Wir müssen bald da sein, und dann bleiben wir, wenn du willst, im ersten Ort, in den wir kommen. Bist du müde?«

»Nein; es ist nur kalt.« Und sie zitterte und schmiegte sich an ihn.

Hundert Kilometer, hundertzwanzig Kilometer. Die Straße wurde immer unvertrauter. An einer Stelle waren Bauarbeiten im Gang, eine Strecke mit einspurigem Verkehr, die zuvor mit Sicherheit nicht da gewesen war. Hundertdreißig Kilometer, hundertfünfzig Kilometer; mittlerweile überraschte es ihn nicht mehr, an einer Kreuzung einen Wegweiser mit der Aufschrift zu finden: *Leccio 5 km.*

»Unesco, wach auf«, sagte er heiter, »wir sind am Ende unserer Fahrt.«

Sie fuhr hoch. »Wie? Wo sind wir?«

»Wir haben den Weg verfehlt, der Himmel weiß wie. Jedenfalls sind wir nicht bei den Blumen gelandet, sondern direkt nach Leccio zurückgekehrt. Ist das nicht komisch?«

»Umwerfend komisch«, sagte sie verschlafen. »Wie spät ist es?«

»Kurz nach elf. Ich bringe dich ins ›Paradiso‹; unter diesen Umständen ist es das beste. Einverstanden? Wir leisten uns ein gutes Abendessen; und dann könntest du noch etwas für mich singen – die letzten Takte …

… se già scritto è così dal destino
che in quel punto, crepando, m'arresti …«

DER SUND

Die Palmen spreizten sich schwarz vor dem aufgehell-
ten Himmel, als er aus dem Hotel trat; er vermochte
nicht zu unterscheiden, ob es der Mond war, der von
irgendwo jenseits des Hauses all dies Licht verströmte,
oder das Flutlicht über dem Tennisplatz, den er gleichfalls
nicht sehen konnte – immerhin hörte er das Hin und Her
der Bälle, ping pong ping pong; dennoch war er nicht
ganz sicher, ob es sich dabei um das ebenmäßige Auf-
prallen meisterhaft gespielter Bälle handelte oder um das
Pochen seines eigenen Herzens. Jedenfalls fürchtete er, die
Spieler dort draußen könnten einmal den Ball verfehlen –
dann stünde sein Atem still. Um zwölf hatte er die Sirene
gehört und geglaubt, es sei das Klingeln einer kleinen Blu-
tung in seinem Gehirn. Ein Sänger, der den Ton lange
hielt, bereitete ihm Asthma; er hatte am Bett eines Ster-
benden gesessen und versucht, für ihn zu atmen. Langsam, langsamer: Innen und Außen zu unterscheiden, war
ihm schon immer schwergefallen.

Die Nacht war herrlich, und die Straße lag einladend
vor ihm. Noch vier Stunden bis zur Abfahrt des Schiffes;
in zwei Stunden, hatte man ihm gesagt, könne er zu Fuß
den Hafen erreichen. Die Palmwedel am Straßenrand
waren weiß vor Staub und warfen ihm lange bleiche
Schatten vor die Füße. Dazu standen steife staubige Kak-

teen an der Straße und stachlige Büsche mit roten Beeren. Dann und wann kam er an kichernden Liebespaaren vorbei; unter einem Baum saß eine Zigeunerin, ein fest gewickeltes Baby auf dem Arm, ein ungewöhnlich hübsches kleines Mädchen neben sich. Erbarmen, rief sie ihm zu, lassen Sie mich Ihre Hand sehen; Sie haben einen großen Schmerz erlebt oder eine Krankheit oder einen Verlust – verstehen Sie mich? – vor Ihnen liegt eine Seereise – stimmt es? Legen Sie einen Dollar in Ihre Hand – er gehört Ihnen, ich nehme ihn nicht; diese Linie sagt, daß Sie ein großzügiger Mensch sind … Und der Schlachterjunge kam auf seinem Fahrrad vorbei, mit blutbespritzter weißer Schürze; die hölzerne Mulde an der Lenkstange befestigt, ratterte er über die unebene Straße.

Der Weg war zeitlos und ohne Gewicht; unaufhörlich vervielfältigten sich die Palmwedel am Straßenrand, die Kakteen, die stachligen Büsche. Wieder und wieder die kichernden Liebespaare. Die Zigeunerin saß unter vielen Bäumen, und der Schlachterjunge ratterte noch einmal vorbei. Jetzt kann es nicht mehr lange dauern, dachte er; aber vielleicht wäre es ein guter Gedanke, jemanden nach dem Weg zu fragen – wenn auch nur, um sicher zu gehen. Er hob das Kinn und öffnete den Mund. Der Schlachterjunge nahm einen Fuß vom Pedal, ließ ihn auf dem Boden schleifen, um sein Rad anzuhalten, und sah ihn mit bereitwilligem Lächeln an; seiner Schürze entströmte ein eigenartig schaler Geruch. Doch in diesem Moment schien alles, was sich an ihm vorbei und auf ihn zu bewegt hatte, stillzustehen (auch sein Herz, auch sein Atem). Nur der Boden unter seinen Füßen, eben noch fest und solid, schien nachzugeben – bodenlos. Er schloß den

Mund und ging, wankte, schwebte weiter; der Schlachterjunge setzte den Fuß wieder auf das Pedal, lächelte, als hätte er überhaupt nur gelächelt, und fuhr davon. Er hatte es schon zuvor erlebt: er war zum Telefon gegangen, und wenn er die Nummer wählen wollte, hatte er sie vergessen – und immer hatte es ihm ein Gefühl gräßlicher Leere eingeflößt. Dies gehörte dazu. Nun hatte er den Namen des Hafens vergessen, in dem das Schiff lag. Und wie kann man fragen, ob man auf dem richtigen Weg zu einem Ort ist, den man nicht kennt? Wieder dieses Gefühl gräßlicher Leere. Doch einerlei. Das Gedächtnis spielt einem merkwürdige Streiche. Es wird zurückkehren. Fragen wir den Nächsten, der uns begegnet.

Der Gedanke, den Namen vergessen zu können, war ihm nie gekommen. Er hatte sich seiner völlig sicher gefühlt, ihn als gegeben hingenommen, ihn akzeptiert, wie er war. Er war seit unvordenklicher Zeit in ihm, hatte er geglaubt. Er sah und roch das Klassenzimmer, die große, über der Tafel entrollte Wandkarte und den langen, darangelehnten Zeigestock. Professor Meiers Pult mit den verschlossenen Schubladen, den Klassenbüchern und einer billigen Vase mit verwelkten Blumen, die ein Junge namens Jaeger, der am Stadtrand wohnte, oft als Geschenk mitbrachte. »Roter Mohn – Opium«, flüsterte er seinen Mitschülern zu. »Gift – Meier wird davon einschlafen …« Und dann überreichte er sie dem Professor mit einer unterwürfigen Verbeugung.

Er stand vor dem Pult des Professors; Schrecken stürmte von allen Seiten auf ihn ein. Alles war stickig, muffig; was er auch wußte, es nützte nichts. Meiers stechende schwarze Augen, schwarzes Haar, schwarzer Bart (in den er schreckliche Dinge hineinhustete), schwarzer Anzug, schwarze Fingernägel. Und gleich würde Meier ihn fragen, ob er am letzten Sonntag in der Kirche gewesen wäre, ob er Emser Wasser und heiße Milch mit Honig getrunken hätte, um die Erkältung zu kurieren, die ihn die drei letzten Tage von der Schule ferngehalten hatte. Es sollte so einfach sein, mit der befreienden Lüge zu antworten – aber es war unmöglich. War es Hypnose, war es der Wunsch, daß geschehen sollte, was ohnehin geschah? Verheerend, sinnlos verheerend war der Sturm, der dann folgte.

Meiers Geigenkasten war schwarz, schwarz auch der Lappen, in den die Geige im Kasten eingeschlagen war. Meier stellte ihn hart auf eins der Pulte der ersten Reihe; während er das Instrument auswickelte und den Bogen spannte, musterte er schweigend die Kinder, die vor ihm saßen, ängstlich zurückweichend wie vor einem offenen Sarg. Sie mußten ein Lied singen, jeden Morgen vor dem Unterricht, neben ihren Bänken stehend – drei Bankreihen, zwei Kinder in jeder Bank. Also sechs Reihen Kinder, die dastanden, wenig Raum zwischen sich, wenig Glauben, und durch diesen Raum, diesen Glauben promenierte der Professor und begleitete ihren Gesang auf der Geige. Säuerlich falsch gestimmt.

Der Wolken Luft und Winden
Gibt Wege Lauf und Bahn
Der wird auch Wege finden
Da dein Fuß gehen kann …

HANNEMANN, überkreischte er die Stimmen der Kinder. Seine Finger lösten sich wütend vom Hals der Geige, die

Saiten schwirrten dissonante Pizzicati, sein Bogen pfiff auf Hannemanns Pult, verfehlte zwar ihre Finger, zerstörte aber das kleine Muster, das sie vor sich arrangiert hatte – aus den Kernen und Stielen verstohlen gegessener Kirschen, aus kleinen Fetzen Einwickelpapier, aus Haarnadeln und Buntstiften.

... HANNEMANN ... Er bewegte die Lippen, ohne den furchtbaren Fluch laut werden zu lassen.

DIREKTOR: VON DER SCHULE ENTFERNT.

HANNEMANN

Schäm dich.

Sie stand da, neben ihrer Bank, das Haar angstvoll verwirrt, und sah zu Boden; Tränen röteten ihre ohnehin entzündeten Augen, und sie schnüffelte durch die winzige Stupsnase, die an diesem Elendshäufchen fast wie ein Rest Herausforderung wirkte. Ihre Finger zuckten und zitterten auf der Bank, wie um ein hübsches kleines Muster zu legen.

So wirst auch du einst stehen
Wenn dich wird heißen gehen
Dein Gott ...
... aus diesem Jammertal ...

HANNEMANN

Daran erinnerte er sich noch, ganz deutlich. Aber der Name des Hafens ...

Der Sund

Die Meerenge

Die Meerenge von

Der Sund verbindet ...

Er mußte ihn zu Hause gehört haben. Seine Familie war ständig auf Reisen. Als Junge mußte er aus diesem Hafen zahlreiche Postkarten und Andenken bekommen haben. Doch der Name wollte sich nicht einstellen.

Er dachte an die andere Schule, in die seine Kinder gingen, an den meisterlichen Geographieunterricht, dem beizuwohnen man ihn aufgefordert hatte. Die Kinder hatten einen Hafen gebaut und besorgten die Hafenverwaltung mit verteilten Rollen. Sie wußten über den Zoll Bescheid, über Passagierdampfer, Frachtschiffe und den Umfang von Import und Export; doch es handelte sich dabei eindeutig um New York im Staate New York, und es gab viele Häfen, von denen sie noch nie gehört hatten. Alice Harper kam zu ihm und holte eine Ratte aus der Manteltasche. »Hier«, sagte sie, »sie ist ganz zahm. Ich habe sie gezähmt.« Und Pater Lichtfield, ein angenehmer, hochgewachsener junger Mann mit freundlichen Augen, kam hinzu und sagte: »Fein, Alice, daß du sie gezähmt hast; aber du weißt doch, daß du keine Ratten zur Schule mitbringen sollst. Jedenfalls nicht zur Geographiestunde. Nimm sie wieder mit nach Hause und versorge sie gut. Gelegentlich kannst du sie ja wieder mitbringen und im Biologieunterricht zeigen.« In der anderen Tasche hatte Alice Harper eine Handvoll Näh- und Stecknadeln, die sie dem Besucher gleichfalls zeigte. »Die lege ich auf Pater Lichtfields Stuhl, damit er sich daraufsetzt«, sagte sie. »Was für hübsche Nadeln, Alice«, sagte Pater Lichtfield. »Bring sie hinauf in Miss Browns Klasse; sie kann sie für den Handarbeitsunterricht brauchen.« Und als Alice Harper hinausging, sagte er zu dem Besucher: »Dieses Jahr macht sich Alice schon wesentlich besser!«

Sein Blick war leer, sein Lächeln ölig. Arme Hannemann.

Doch der Name des Sundes, der Meerenge von ...
Auch dort hatte er ihn nicht gehört, und er wollte ihm
nicht einfallen, fiel ihm nicht ein.

Die eintönige Straße mit den weißlich verstaubten Palm-
wedeln zu beiden Seiten, die bleiche Schatten unter seine
Schritte warfen, die Kakteen und die stachligen Büsche,
die kichernden Liebespaare, die bettelnde Zigeunerin und
der radfahrende Schlachterjunge – viel von dem, was
geblieben war, hatte diese Straße überbrückt. In einer
knappen halben Stunde würde das Schiff abfahren. Doch
dann brach der Rhythmus der Straße zusammen, und zur
Linken vor ihm erschien ein mauerumgürtetes Gebäude,
ein Gasthaus offenbar, in dem es ein Telefon geben würde
und folglich auch ein Telefonbuch, in dem fraglos alle
Orte der Insel verzeichnet sein mußten. Er würde den
Namen des Hafens im Telefonbuch finden, ihn zweifelsohne wiedererkennen, und dann wäre alles in bester Ordnung.

Er ging, als überquerte er eine Brücke, eine Zugbrücke
vielleicht, durch die Bresche der staubigen Palmwedel,
durch den zerbrochenen Rhythmus und das Ende der
Zeit; durch einen Torbogen in der Mauer, dann ein paar
Stufen hinauf. Droben erschien eine Frau, in der einen
Hand ein Stück Baumwollstoff, in der anderen eine
Flasche mit der Aufschrift ›Alkohol‹; Wollstrümpfe,
Schwesterntracht und Kochschürze, ein starres Lächeln,
das Nagetierzähne blecken ließ, und darüber ein Schnurr-
bart.

»Entschuldigen Sie – darf ich Ihr Telefon benutzen?«

»Geradeaus, links neben dem Treppenabsatz.«

Er ging hinauf, fand die Telefonzelle und nahm das Buch; es war dünn und an einer Griffleiste befestigt wie die Morgenzeitung in einem vornehmen Hotel. Doch am Ende der Leiste war ein Loch, durch das sich eine häßliche Schnur zog, eine kleine Schlinge; und mit dieser Schlinge hing das Telefonbuch an einem rostigen Nagel, achtlos in die Wand getrieben, so daß der Verputz ringsherum abgeplatzt war; es sah infolgedessen aus wie aufgeschnittenes Zeitungspapier, das neben einem übelriechenden Klosett hängt. Und es roch auch ziemlich übel in der Zelle.

Er ließ die Tür offen und blätterte gespannt in dem Buch. Es gab nur drei, vier Ortschaften auf der Insel; sie waren sämtlich aufgeführt. Aber der Sund, die Meerenge von … Dann entdeckte er auf dem Buchumschlag eine Anzeige mit den Worten HOTEL ALBA, LIDO; die großen schwarzen Lettern stachen hervor – das war gut, denn er konnte mittlerweile nur noch wenig sehen. Doch es genügte. Der Name des Hafens spielte keine Rolle; wie hatte er sich das nur einbilden können! Seine Selbstsicherheit flackerte wieder auf. Ihm fiel ein, daß der Hafen in der Nähe des Lido lag, nahe dem Hotel Alba. Nun also.

Die Frau war ihm die Treppe hinauf gefolgt, langsam, schweigend; sie musterte ihn argwöhnisch, überlegen, zurückhaltend.

»Ist dies der Weg zum Alba-Hotel am Limbo?« fragte er. »Und wieviel Zeit brauche ich, um hinzukommen?«

»Das liegt auf der anderen Seite der Insel«, sagte sie und sah ihn durchdringend an. »Ganz drüben.«

»Himmel«, sagte er, »da muß ich die falsche Richtung genommen haben … Was meinen Sie – ob ich ein Taxi bekomme, das mich zurückbringt? Es ist kaum noch eine Stunde, wissen Sie, bis mein Schiff abfährt.«

»Das geht nicht«, sagte sie in aufkommendem Mitgefühl. »Sie werden kein Taxi finden, das Sie rechtzeitig zurückbringt. Die Straße ist abscheulich; das würde niemand schaffen.«

Er atmete seinen letzten Mut aus, seine letzte Hoffnung, seinen letzten Willen. »So ist das.« Fortan stand er neben sich, war nicht mehr er selbst.

»Aber Sie brauchen nicht umzukehren«, schlug sie unbeteiligt vor. »Die Insel bildet einen Kreis – fast einen Kreis.« Ihre Arme umschlossen etwas Unsichtbares; zwischen der Alkoholflasche in der einen und dem Baumwollfetzen in der anderen Hand blieb nur wenig Raum.

»Der Lido ist hier«, sagte sie und schüttelte die Flasche, daß der Alkohol darin schwappte, »und wir sind hier.« Sie schwenkte den Fetzen. »Nehmen Sie ein Boot quer über den Sund, dann sind Sie im Handumdrehen da.«

»Und wo bekomme ich um diese Zeit ein Boot?«

»Geradeaus, am Ende der Straße. Da gibt es genug Boote. Fragen Sie nach Nummer zweiundsiebzig. Er setzt Sie über. Er schafft es ganz sicher.«

Noch immer waren ihre Arme ausgestreckt und umschlossen leere Luft, jetzt den Fetzen schwenkend, jetzt den Alkohol schüttelnd. *Eine Straße muß ich ziehen, die kein Wanderer kehrt zurück.* Und das Ende nah dem Beginn. Ein namenloses Ende, und der Fährmann.

»Vielen, vielen Dank«, sagte er und ging hinaus, weiter

auf der dunklen Straße, die sich in Serpentinen zum Ufer hinabwand. An einer Stelle konnte er die Klippe über blicken und sah festliche Lampions, gereiht an den Kanten eines Rechtecks, das acht oder zehn Anleger umschloß, und zwischen ihnen die Boote, heiter schaukelnd, mit Lampen an Bug und Heck. Der bloße Anblick vermittelte das Geräusch, bisher unhörbar, den bisher nicht wahrgenommenen Geruch. Ganz plötzlich, wie aus dem Nichts, war alles da. Männerstimmen, lachend, redend, müßiges Akkordeongequarr, der Duft nach See und Teer und Tabak.

Die Straße versickerte im Sand, und er rief zu den Männern hinüber.

»He, Sie – ist Nummer zweiundsiebzig da?«

Sie sprangen auf, sprangen spielerisch vom Boot zum Steg, vom Steg zum Boot.

Einer von ihnen stand schneller vor ihm als die anderen; die anderen lachten. Er trug ein weißes Unterhemd ohne Ärmel und Kragen, einen Ledergurt und halblange, bis zu den Knien aufgekrempelte Hosen. Mehr trug er nicht – seine braunen Arme und Beine waren bloß – bis auf ein dünnes Kettchen, das sich um seinen kräftigen Matrosenhals schlang. So plötzlich, wie er aufgebrandet war, brach der Lärm wieder ab; der Bootsführer musterte ihn erwartungsvoll, dann und wann mit gutgezieltem Schlag blutsatte Moskitos zerquetschend, die auf seinem Arm, seinem Hals dunkelrote Flecken hinterließen.

»Sind Sie Nummer zweiundsiebzig?«

»Natürlich ist er Nummer zweiundsiebzig«, erwiderten alle gleichzeitig. »Klar doch, er ist Nummer zweiundsiebzig. Wir sind alle Nummer zweiundsiebzig.«

Das war ziemlich verwirrend. Inzwischen waren alle bei ihm, umringten ihn. Ihre Stimmen fluteten auf, ebbten ab; vages Geräusch unter stechendem, jagendem Scheinwerferlicht; ein Zeiger, der über die Skala wandert, nach der richtigen Welle suchend, sie berührend und verfehlend; seine Kraft, seine Sinne, flutend und abebbend.

»Rudern Sie mich über den Sund, zum Limbo?«

»Aber klar, er bringt Sie hin, keine Sorge«, versicherten alle.

»Und wieviel Zeit brauchen Sie?«

»Oh – ungefähr vier Stunden.«

»Aber in einer knappen halben Stunde fährt mein Schiff!«

»Dann schaffen wir es eben in einer knappen halben Stunde.«

»Er schafft es sicher, keine Sorge.« Und sie drängten ihn in das winzige, schwankende Boot.

»Und was ist mit meinem Gepäck?«

»Das holen wir Ihnen, nur keine Sorge.«

Und sie holten es, irgendwie. Da stand es auf dem Anleger: der große Koffer, der Toilettenkoffer, die Aktentasche, die Schreibmaschine.

Vier Stücke. Eins fehlt. Fünf müssen es sein.

Er konnte sich nicht recht entsinnen, welches Stück fehlte. Doch er wußte, daß es fünf sein mußten.

»Hier ist es, jetzt kommt es, da ist es«, sangen sie und reichten es von Mann zu Mann weiter bis zum Führer seines Bootes. Er nahm es auf den Arm, säuberlich eingeschlagen wie einen guten Mantel. Sein totes Kind. Nun war alles zur Stelle.

Hans W. Cohn: Mit allen fünf Sinnen. Gedichte. Nachwort von Michael Hamburger, Illustrationen von Felix Martin Furtwängler. 76 Seiten, Leinen, Schutzumschlag, DM 29,80. ISBN 3–930353–00–8. Numerierte und signierte Vorzugsausgabe DM 45,–. ISBN 3–930353–01–6

»Sie stehen da, Vers für Vers, Wort für Wort, mit großer Selbstverständlichkeit, weniger Klang als poetisch gefaßte Existential-Zeichen, Wort gewordene Wahrheitserfahrungen ... Diese Gedichte vertragen uns und gewinnen mit jedem Wiederlesen. Verse wie ›Schlaf: Rückzug/auf dunklen Gängen‹ nisten sich ein und können zu Lebensbegleitern werden ...«
Hugo Dittberner, »*Frankfurter Rundschau*«, 10. 2. 1996

Alfred Gründewald: Ergebnisse. Aphorismen. Nachwort von Klaus Hansen. 100 Seiten, Leinen, Schutzumschlag, DM 29,80. ISBN 3–930353–02–4

»Eine Wiederauflage seines Werkes erscheint schon allein gerechtfertigt, um Urteil und Vergessenheitsdiktat der Nationalsozialisten aufzuheben. ... Es ist, als müsse er sich umgrenzen und abgrenzen, ein Selbstporträt, ein Denkmal hinterlassen – als schreibe er an gegen die Angst vor einem spurlosen Verschwinden.«
Marion Löhndorf, »*Frankfurter Allgemeine*«, 7. 8. 1996

Stephan Lackner: Ein Mann mit blauen Haaren. Erzählungen. 224 Seiten, Leinen, Schutzumschlag, DM 36,–. ISBN 3–930353–04–0. Numerierte und signierte Vorzugsausgabe DM 57,–. ISBN 3–930353–07–5

»Die Liebhaber von Merkprosa von Hebels Kalendergeschichten bis Brechts Keuner-Geschichten können ihrer kleinen, doch

auserlesenen Bibliothek ein neues Exemplar zugesellen. Stephan
Lackners Geschichten sind vom gleichen Kaliber. ... Lackners
erzählerische Phantasie entzündet sich besonders an wirkungs-
vollen Bildvorstellungen – ein Hinweis auf jene Sphäre seiner
Wirksamkeit, die den heute 87jährig in Santa Barbara leben-
den Emigranten ... bekannt gemacht hat: als Freund Max
Beckmanns und Sammler seiner Gemälde, deren kundiger Inter-
pret er wurde. ... Die Publikation seiner Erzählungen ... in
der ›Edition Memoria‹ ist Konsequenz dieser Wirkungs-
geschichte und Mahnung; Verleger Thomas B. Schumann hat
seinen kleinen Verlag eben dieser großen Aufgabe verschrie-
ben: die Erinnerung gerade an die vergessene, verdrängte
Emigrantenliteratur wach zu halten und jener Tabularasa-
Mentalität zu widerstehen ...«

Gert Ueding, »Die Welt«, 8. 3. 1997

Rudolf Arnheim: Eine verkehrte Welt. Roman. 300 Seiten,
Leinen, Schutzumschlag, DM 48,–. ISBN 3–930353–05–9.
Numerierte und signierte Vorzugsausgabe DM 85,–. ISBN
3–930353–06–7

»Der Wahrnehmungs- und Kunstpsychologe führt uns in diesem frühen schriftstellerischen Ausflug in eine Spiegelwelt,
deren Bewohner nachts aufstehen und tagsüber schlafen, in der
die Frauen die Männer führen und bevormunden, in der das
Dienstpersonal herrscht und die Reichen die Parias sind, in der
die Menschen nach unbezahlter Arbeit lechzen und anderen
ihre Habseligkeiten aufzudrängen versuchen. ... Seine Parabel
auf ›Dummheit, Schwäche, Verbohrtheit‹ des Menschen, auf die
›Unsinnigkeit des Erduldens‹ ist indes nicht nur in totalitären
Zeiten aktuell. So ist es ein Glück, daß dieser lange vergrabene
Roman des heute 93jährigen Wahl-Amerikaners – gefördert
von der Stiftung Kunst und Kultur des Landes NRW – dieser
Tage neu aufgelegt wurde. Übrigens: kein schlechter Stoff für
kreativen Deutschunterricht!«

»Psychologie heute«, Februar 1998

Zweite unveränderte Auflage
2004 gedruckt mit Unterstützung der
»Gesellschaft zur Förderung vergessener und
exilierter Literatur e.V.«

Gesamtkonzeption   Thomas B. Schumann
Gesamtgestaltung   Silvia Cardinal
Umschlagillustration   »Fischversteinerung I«, Federzeichnung
(1997) von Katrin Prinich-Heutzenröder
Frontispiz-Foto   George Diaz
Übersetzung   Aus dem Englischen von Christel und
Helmut Wiemken

Die deutsche Bibliothek   Mann Borgese, Elisabeth:
CIP-Einheitsaufnahme   Der unsterbliche Fisch: Erzählungen /
Elisabeth Mann Borgese. Aus dem
Engl. von Christel und Helmut Wiemken.
Hrsg. von Thomas B. Schumann. –
Hürth bei Köln: Ed. Memoria, 1998
Einheitssacht.: To whom it may condern <dt.>
ISBN 3–930353–08–3

Gesamtherstellung   B.o.s.s Druck und Medien GmbH, Kleve
Printed in Germany   ISBN 3–930353–08–3